Sabrina Bock, Ingo Noack

Salat anpflanzen

Salat selbst gemacht
Expertenwissen für Hobbygärtner

Der ultimative Leitfaden zum Salatanbau
mit Schritt-für-Schritt-Anleitung

Magazin: https://TraditionArt-Leben.de

YouTube Kanal: https://www.youtube.com/@KochenRezepteGarten

TikTok: https://www.tiktok.com/@traditionartleben

Pinterest: https://www.pinterest.de/TraditionArt_Leben/

Instagram: https://www.instagram.com/traditionartleben/

Twitter / X: https://twitter.com/traditionartliv

Inhalt

Einleitung

Liebe Gartenfreunde

Herzlich willkommen in der wundervollen Welt des Salatanbaus! Egal, ob du gerade erst deinen grünen Daumen entdeckst oder bereits mit deinen Pflanzen auf du und du bist. Dieses Buch ist deine Eintrittskarte zu frischem, knackigem Salat direkt aus dem eigenen Garten. Salat ist nicht nur ein paar grüne Blätter auf dem Teller. Nein, er ist ein Kaleidoskop von Geschmack, Textur und Farbe, das darauf wartet, von dir entdeckt zu werden. Vergiss die langweiligen Standardsorten aus dem Supermarkt! Mit ein wenig Know-how und einer Prise Leidenschaft kannst du eine Vielfalt von Salatsorten anbauen, die du in keinem Laden finden wirst. Es ist gleichgültig, ob du auf der Suche nach einer gesunden Ergänzung zu deiner Ernährung bist, oder den Kick des Selbstangebauten erleben willst. Oder möchtest du einfach nur deinen Salat aufpeppen?

Entdecke die 10 grünen Geheimnisse, warum du unser Buch über den Salatanbau lesen solltest

1. Wenn du Lust hast, dein Gesundheitsbewusstsein zu boosten, dann ist unser Buch genau das Richtige für dich! Es ist wie eine erfrischende Brise für alle, die ihre Essgewohnheiten aufpeppen wollen. Wir schwärmen nicht nur von den Vorteilen knackiger, selbst angebauter Salate, sondern zeigen auch, wie einfach es sein kann, gesundes Essen in dei-

nen Alltag zu integrieren. Also, wenn du bereit bist, deinem Körper ein bisschen Extra-Power zu geben, könnte unser Buch genau das sein, was du brauchst

2. Wir nehmen dich mit auf eine Abenteuerreise in die grüne Welt des Salatanbaus! Wir zeigen dir, wie du deine eigenen knackigen Blätter züchtest und dabei nicht nur deinen Magen, sondern auch die Umwelt glücklich machst. Es geht nicht nur um Selbstversorgung, sondern auch darum, deinen ökologischen Fußabdruck zu verkleinern. Also, schnapp dir deine Gartengeräte und tauche ein in die wunderbare Welt des nachhaltigen Lebensstils!"

3. In unserem Buch zeigen wir dir den Weg, wie du durch das Anpflanzen von Salat zu Hause bares Geld sparen kannst. Wenn du lernst, deinen eigenen Salat anzubauen, reduzierst du deine Ausgaben für Lebensmittel und kannst gleichzeitig von frischen, gesunden Zutaten profitieren. Tauche ein in die Welt des Selbstanbaus und entdecke die finanziellen Vorteile eines grünen Daumens!

4. In unserem Buch erfährst du, warum selbst angebauter Salat einfach unschlagbar ist! Vergiss die Supermarkt-Varianten – mit unserem grünen Daumen holst du dir das volle Paket an Frische und Qualität direkt in deinen eigenen Garten. Kein Stress mit langen Transportwegen oder Lagerzeiten, sondern knackige Blätter voller Geschmack direkt vor deiner Haustür! Erfahre, warum der Unterschied so groß ist und gönn dir Salat in seiner besten Form – direkt aus deinem eigenen Garten!"

5. In unserem Buch geht es nicht nur darum, wie man Salat anbaut. Es ist vielmehr eine Einladung zu einem entspannten Abenteuer im eigenen Garten! Wir führen dich durch den ganzen Prozess des Pflanzens und Pflegens deiner grünen Schätze. Wir laden dich ein, die ruhige und erfüllende Atmosphäre des Gärtnerns zu erleben. Also schnapp dir deine Gartenschürze und mach dich bereit für eine Menge Spaß und Entspannung zwischen den Beeten! Gönn dir die einfache Freude, aktiv in deinem eigenen grünen Paradies zu werden!"

6. In unserem Buch geht's nicht nur um langweiligen Salat. Wir bringen Farbe und Kreativität in deinen Garten! Wir wollen dich dazu inspirieren, mal etwas Neues zu probieren und verschiedene Salatsorten anzupflanzen. Wer weiß, welche Geschmacksexplosionen und Texturen dich erwarten? Es ist wie ein Abenteuer für deinen Gaumen! Also, lass deiner Fantasie freien Lauf, mische und erschaffe deine eigenen kunterbunten Salatkreationen. Tauche ein in die farbenfrohe Welt des Salatanbaus und werde zum Meisterkoch in deinem eigenen grünen Paradies!

7. In unserem Buch geht's nicht nur ums Einsiedlerdasein im Garten. Wir wollen, dass du Teil einer coolen Community wirst! Schnapp dir dein Smartphone und ab in die Online-Foren und triff dich mit anderen grünen Daumen in deiner Nachbarschaft. Dort kannst du nicht nur dein Wissen und deine Erfahrungen teilen, sondern auch jede Menge Inspiration abgreifen. Denn gemeinsam pflanzt es sich besser! Also, spring in den Pool der Garten-Community und lass dich von anderen Gärtnern rocken!

8. In unserem Buch steckt jede Menge Power für dein grünes Know-how! Wir wollen nicht nur, dass du deine Pflanzen besser verstehst, sondern auch, dass du deine grünen Daumen-Fähigkeiten auf ein neues Level bringst. Mit praktischen Tipps machen wir dich zum Garten-Experten. Also, schnapp dir dein Notizbuch und tauche ein in die Welt des Gartenbaus! Es ist Zeit, dein grünes Paradies mit Bildung und Wissen aufzubauen!

9. In unserem Buch steckt nicht nur grünes Know-how, sondern auch eine große Portion Umweltbewusstsein! Wir zeigen dir nicht nur, wie du deine eigenen Leckereien anbaust, sondern auch, wie du einen echten Unterschied für unseren Planeten machen kannst. Weg mit den Transportwegen und Verpackungen. Mit deinem eigenen Anbau reduzierst du nicht nur deine ökologische Fußspur, sondern bist auch voll im Trend für eine nachhaltigere Zukunft! Also, mach mit und werde Teil der grünen Bewegung für eine bessere Welt!"

10. In unserem Buch stecken jede Menge Ideen für gesunde Familien-Action! Wir zeigen euch nicht nur, wie ihr gemeinsam Salat anbaut, sondern auch, wieviel Spaß es machen kann, sich gemeinsam um die grünen Schätze zu kümmern. Ob beim Buddeln, Ernten oder Zubereiten. Hier kommen nicht nur die Salatköpfe, sondern auch die Familienbande zum Strahlen! Also, schnappt euch die Schaufeln und ab ins grüne Abenteuer! Es ist Zeit, gemeinsam in die Welt des Salatanbaus einzutauchen und die Momente der Gesundheit und des Wohlbefindens zu genießen!

Darum macht Gärtnern so viel Spaß

Ob du einen großen Garten, einen Balkon oder nur ein Fensterbrett für deinen Salatanbau zur Verfügung hast, genieße die Freude, deine eigenen frischen Salate zu ernten. Selbst angebauter Salat bietet viele Vorteile und trägt zur Nachhaltigkeit bei. Die Freude am eigenen Anbau ist ein tiefgreifender und erfüllender Aspekt des Gärtnerns, der weit über die rein materiellen Vorteile hinausgeht und dein Leben in vielerlei Hinsicht bereichert. Er schafft eine besondere Verbindung zur Natur, fördert deine Gesundheit und bereichert deinen Alltag in vielseitiger Form.

Der eigene Anbau offenbart sich auf verschiedene Weisen und macht das Anpflanzen von Salat zu einer äußerst lohnenden und erfüllenden Aktivität. Das Ernten der Früchte deiner Arbeit. Salatblätter, die du selbst gezogen hast, sind etwas Besonderes und erfüllt dich mit Stolz. Es macht viel mehr Spaß, frische und gesunde Zutaten direkt aus deinem Garten oder von deinem Balkon in deiner Küche zu verwerten. Das Gärtnern ermöglicht es dir, kreativ zu sein, indem du verschiedene Sorten und Farben von Salat anbaust und sie in deinen eigenen Rezepten und Gerichten verwendest. Du kannst eine Vielzahl einzigartiger und köstlicher Mahlzeiten kreieren.

Die Arbeit mit Erde, Pflanzen und Wetterbedingungen schafft eine tiefere Verbindung zur Natur. Du wirst sensibler für die Jahreszeiten, das Wetter und die Bedürfnisse deiner Pflanzen. Darüber hinaus hat das Gärtnern nachgewiesenermaßen stressreduzierende Wirkungen. Es bietet dir die Möglichkeit, dem hektischen Alltag zu entfliehen und dich auf die beruhigenden Klänge und Aktivitäten in deinem Garten zu konzentrieren.

Der erfolgreiche Anbau von Salat steigert dein Selbstvertrauen und deinen Stolz. Er zeigt, dass du in der Lage bist, dich selbst zu versorgen und frische Nahrungsmittel zu produzieren. Wenn du überschüssigen Salat hast, kannst du deine Ernte mit Familie, Freunden oder Nachbarn teilen, was soziale Bindungen fördert und eine Gemeinschaft um das Gärtnern herum schafft.

Grundlagen des Salatanbau

Auswahl der richtigen Salatsorten auf einen Blick

Die Auswahl der richtigen Salatsorten ist ein entscheidender Schritt für einen erfolgreichen und erfreulichen Anbau. Sie beeinflusst nicht nur den Geschmack und die Textur des Endprodukts, sondern auch den Anbauprozess selbst. Bei der Auswahl solltest du Faktoren wie den verfügbaren Platz, das Klima in deiner Region und deine persönlichen Vorlieben berücksichtigen.

Kopfsalate sind:

Eichblattsalat
Warum: Zarte, lockere Blätter mit einer breiten Farbpalette, von grün über rot bis hin zu braun. **Anbau:** Gedeiht in unterschiedlichen Bodenarten, benötigt ausreichend Sonnenlicht.

Butterhead-Salat
Warum: Weiche, butterartige Blätter mit einem milden Geschmack. **Anbau:** Ideal für kleine Gärten oder den Anbau in Containern, benötigt mäßigen Schatten.

Eisberg-Salat
Warum: Knackige Köpfe mit festen Blättern. **Anbau:** Anspruchslos, benötigt viel Sonnenlicht.

Blattsalate sind:

Feldsalat (Vogerlsalat)
Warum: Kleine, dunkelgrüne Blätter, ideal für den Anbau im Herbst und Winter. **Anbau:** Winterhart, benötigt wenig Pflege.

Rucola
Warum: Würziger Geschmack, schnell wachsend. **Anbau:** Sonniger Standort, regelmäßige Ernten für optimale Geschmacksentfaltung.

Spinatsalat
Warum: Zarte Blätter, schnell wachsend. **Anbau:** Kühler Frühling oder Herbst, vor Hitze schützen.

Romana-Salate sind:

Romana-Salat (Römersalat)
Warum: Längliche, feste Blätter mit leicht nussigen Geschmack. **Anbau:** Hitzeresistent, gedeiht gut im Sommer.

Bataviasalat
Warum: Mischung aus Kopf- und Blattsalat, festere Blätter. **Anbau:** Tolerant gegenüber verschiedenen Bedingungen.

Endiviensalate sind:

Frisee-Salat
Warum: Zarte, gekräuselte Blätter mit leicht bitterem Geschmack. **Anbau:** Kühlere Jahreszeiten bevorzugt.

Exotische Salate sind:

Portulak
Warum: Saftige, succulente Blätter mit leicht säuerlichem Geschmack. **Anbau:** Hitzeresistent, gut für den Sommer.

Asiatische Salate sind:

Pak Choi (Chinakohl)
Warum: Knackige Blätter mit mildem, leicht süßlichem Geschmack. **Anbau:** Gedeiht im Frühjahr und Herbst, benötigt ausreichend Wasser.

Mizuna
Warum: Japanischer Blattsenf mit würzigem Geschmack. **Anbau:** Ideal für den Herbstanbau. Gedeiht in kühlere Jahreszeiten, benötigt regelmäßige Bewässerung.

Tatsoi
Warum: Runde, dunkelgrüne Blätter mit mildem, senfartigem Geschmack. **Anbau:** Gedeiht gut im Frühjahr und Herbst.

Kräutersalate sind:

Kresse
Warum: Scharfer, würziger Geschmack. **Anbau:** Schnell wachsend, ideal als Microgreens.

Löwenzahnsalat

Warum: Leicht bitterer Geschmack, nur junge Blätter sind milder. **Anbau:** Vorsichtiger Umgang, um das Wachstum von Löwenzahn im Garten zu verhindern.

Microgreens sind:

Senfsprossen

Warum: Junge Senfpflanzen mit scharfem Geschmack. **Anbau:** Ideal für fortgeschrittene Gärtner, die Microgreens anbauen möchten.

Radieschensprossen

Warum: Zarte Radieschenblätter, schnell wachsend. **Anbau:** Einfach, benötigt wenig Platz.

Spezieller Salat ist:

Chicorée

Warum: Die Blätter sind leicht bitter im Geschmack **Anbau:** Chicorée benötigt Dunkelheit unter warmen geschützten Bedingungen.

Wissenswertes über Pflücksalat

Wusstest du, dass Pflücksalat die ultimative Freiheit für Salatliebhaber bedeutet? Anders als beim Kopfsalat, wo du den ganzen Kopf erntest und dich fragst, ob er vielleicht eine kleine Persönlichkeitskrise hat, werden beim Pflücksalat nur die äußeren Blätter oder die gewünschte Menge von mehreren Pflanzen gepflückt. Und das Beste daran? Ohne die Pflanze zu beschädigen! Ein bisschen wie die sanfte Kunst des Blätterpflückens – nur eben mit leckerem Salat.

Aber Moment mal, das ist noch nicht alles! Pflücksalate kommen in einer Vielzahl von Sorten und Geschmacksrichtungen vor. Von mild und nussig, als ob sie sich in einem exklusiven Nussclub treffen würden, bis hin zu würzig und bitter, wie die coolen Kids auf dem Schulhof. Diese Salatsorten sind so vielseitig, dass sie sich hervorragend für frische Salate eignen und in der Küche so beliebt sind wie der Kühlschrank an einem heißen Sommertag.

Und das Schönste daran? Diese Salatsorten haben zarte, junge Blätter, die sich perfekt für das Pflücken von Blatt zu Blatt eignen, während die Pflanze weiter wächst. Also kannst du quasi jeden Tag einen frischen Salat pflücken, ohne dass deine Pflanze beleidigt ist. Na, wenn das nicht Grund genug ist, dem Pflücksalat einen Platz in deinem Garten zu geben, dann weiß ich auch nicht weiter!

Wähle eine Mischung aus schnell wachsenden Sorten für den frühen Frühling und den Herbst, sowie hitzetolerante Sorten für den Sommer und kältebeständige Sorten für den Winter. So kannst du das ganze Jahr über frischen, knackigen Salat aus deinem eigenen Garten genießen.

Es geht auch anders

Hast du schon mal daran gedacht, dass dein Salatgarten das ganze Jahr über eine Party feiern könnte? Mit einem klugen Mix von Sorten kannst du das Grünzeug nämlich zu einem wahren Superstar in deinem Garten machen, egal ob der Frühling gerade erwacht, der Sommer heiß herkommt, der Herbst golden leuchtet oder der Winter seine eisige Decke über die Landschaft legt.

Stell dir vor: In deinem Garten tanzen im Frühling und Herbst die schnell wachsenden Sorten einen flotten Walzer, während im Sommer die hitzetoleranten Typen ihre Coolness beweisen und im Winter die kältebeständigen Helden trotzig die Stirn bieten. Klingt nach einer wahren Salat-Show, oder?

Also, schnapp dir deine Samen, mixe sie wild durcheinander und lass deinen Salatgarten das ganze Jahr über rocken!

Zu den beliebten Pflücksalat-Sorten gehören:
- Eichblattsalat
- Lollo Rosso
- Lollo Bionda
- Rucola

- Spinat-Salat
- Feldsalat (Rapunzel)
- Asia-Salat (Mizuna, Tatsoi, Pak Choi)
- Frisee-Salat
- Butterkopfsalat
- Endiviensalat
- Baby-Spinat

Lust auf ein paar kreative Salatrezepte und Dressing? Diese zwei Rezepte sind der Knaller und bringen eine spannende Vielfalt an Aromen und Texturen auf den Tisch. Check mal diese Ideen aus.

Rezepte und Dressing

1 Erdbeer-Feldsalat

Wie wäre es mit einer Fusion aus frischen Erdbeeren, zartem Feldsalat, Babyspinat und fein gehackter Minze? Und für den extra Geschmackskick und Crunch kannst du Ziegenkäse oder geröstete Walnüsse hinzufügen. Nur, wenn du Ziegenkäse magst. Ein Dressing aus Balsamico-Essig und Honig rundet den Salat perfekt ab!

2 Kiwi-Spinatsalat

Tauche ein in die Kombination von saftigen Kiwischeiben, frischem Babyspinat, roter Zwiebel und knusprigen Mandeln. Ein Dressing aus cremigem Joghurt, süßem Honig und spritzigem

Zitronensaft verleiht diesem Salat einen harmonischen, süßen Kontrast, der deine Sinne begeistern wird.

Dressings und Vinaigrettes selbst gemacht
Selbstgemachte Dressings und Vinaigrettes für deine Salate

Zitronen-Kräuter-Vinaigrette
Lass uns 3 Esslöffel Olivenöl mit dem Saft von 1 Zitrone vermengen. Füge dann 1 Teelöffel frisch gehackten Rosmarin und Thymian hinzu, sowie 1 Teelöffel Honig. Schmecke mit Salz und Pfeffer ab. Diese Vinaigrette ist perfekt für frische Blattsalate.

Himbeer-Senf-Vinaigrette
Püriere 1/2 Tasse Himbeeren (frisch oder gefroren) und füge dann 2 Esslöffel Olivenöl hinzu. Dazu 1 Esslöffel Dijon-Senf, 2 Esslöffel Rotweinessig und 1 Teelöffel Honig. Würze mit Salz und Pfeffer. Diese fruchtige Vinaigrette passt hervorragend zu gemischten Salaten mit Früchten und Nüssen.

Joghurt-Dill-Dressing
Ein erfrischendes Dressing aus griechischem Joghurt, frischem Dill, Knoblauch und Zitronensaft. Leicht und aromatisch, ideal für Salate mit einem Hauch von Frische und Kräutern.

Das musst du beim Ernten von Pflücksalat beachten

Beim Ernten deines Pflücksalats ist Fingerspitzengefühl gefragt. Wir wollen schließlich nicht, dass die Blätter sich beleidigt zurückziehen und nie wieder auftauchen, oder? Also geh behutsam vor, um die Blätter nicht zu beschädigen oder zu zerreißen. Denk dran, auch die Pflanze verdient eine sanfte Behandlung. Kein Zerknittern, kein Quetschen, nur liebevolles Streicheln (naja, vielleicht nicht gerade streicheln, aber du weißt schon).

Wenn du kontinuierlich frischen Salat ernten möchtest (und wer will das nicht?), dann ist das Geheimnis einfach: Nimm nur die äußeren Blätter ab und lass die inneren Blätter weiter wachsen. Das ist wie eine nie endende Salat-Party in deinem Garten!

Für den perfekten Schnitt schnapp dir eine saubere Schere oder ein scharfes Messer und geh mit der Präzision eines Chirurgen vor. Schneide die gewünschten Blätter von außen nach innen ab, etwa 2,5–5 cm über dem Boden. So förderst du das Wachstum neuer Blätter und lässt deine Pflanze glücklich weiterleben. Aber vergiss nicht, die anderen Blätter unbeschädigt zu lassen – sie haben auch Gefühle!

Mit dieser sanften Erntemethode kannst du über vier bis sechs Wochen immer wieder Pflücksalat ernten und deine Salatschüssel zum Leben erwecken. Wer sagt, dass das Gärtnern nicht auch ein bisschen wie Zauberei ist?

Der optimale Zeitpunkt für die Ernte

Der optimale Zeitpunkt für die Ernte deines Salats ist so indivi-
duell wie dein persönlicher Geschmack. Aber keine Sorge, ich
habe ein paar Tipps, wie du den perfekten Moment erwischen
kannst, um deine Salatparty zu starten!

Grundsätzlich solltest du deinen Salat ernten, wenn er jung
und zart ist. Das ist sozusagen der VIP-Bereich für den besten
Geschmack und höchste Qualität. Und wann ist dieser VIP-
Bereich geöffnet? Nun, die frühen Morgenstunden sind wie
der rote Teppich für deinen Salat, wenn die Blätter frisch und
mit Feuchtigkeit versorgt sind. Ein bisschen wie eine morgend-
liche Wellness-Behandlung für deine Pflanzen!Für Pflücksalat
ist der optimale Erntezeitpunkt, wenn die Blätter etwa 10-
15 cm lang sind. Das ist wie die perfekte Länge.

Also, schnapp dir deine Gartenschere und ernte deinen Salat
im perfekten Moment für ein wahres Festmahl! Und vergiss
nicht, ihn vorzugsweise unmittelbar vor dem Verzehr zu ernten. So schmeckt er am besten und du fühlst dich wie ein echter Salat-Sommelier.

Und was ist nach der Pflanzung?

Nach der Pflanzung ist es eigentlich ganz easy, deinen eigenen Salat anzubauen. Halte den Boden einfach schön feucht, besonders wenn die Samen gerade sprießen und das Wetter trocken ist. Und vergiss nicht, ein Auge auf diese lästigen Schädlinge zu haben und Maßnahmen zu ergreifen, wenn sie sich zu sehr breitmachen. Sobald die Blätter groß genug sind, um einen leckeren Salat zuzubereiten, kannst du schon losschnippeln. Das Beste daran ist, dass du immer frisches Salatgut zur Verfügung hast.

Salate von A bis Z im Überblick

Anbau, Pflege, Standort, Aussaat, gesundheitlicher Nutzen

Bataviasalat

Bataviasalat, auch bekannt als Butterhead-Salat, ist eine beliebte Sorte des Kopfsalats (Lactuca sativa). Er zeichnet sich durch seine zarten, lockeren Blätter aus, die eine leicht gekräuselte Textur haben. Dieser Salat ist für seinen milden Geschmack und seine zarte Konsistenz bekannt und wird oft in Salaten und Sandwiches verwendet.

Anbau und Pflege:

Bataviasalat bevorzugt einen sonnigen bis halbschattigen Standort im Garten. Der Boden sollte gut durchlässig und reich an organischen Materialien sein. Die Samen oder Setzlinge können im Frühling oder Herbst ausgesät werden. Regelmäßiges Gießen ist wichtig, um den Boden feucht zu halten. Mulchen hilft, Feuchtigkeit zu speichern und Unkraut zu unterdrücken.

Standort und Boden:

Bataviasalat gedeiht am besten auf mäßig feuchtem, gut durchlässigem Boden. Er kann sowohl in Gartenbeeten als auch in Pflanzgefäßen oder Töpfen angebaut werden.

Aussaat:

Die Samen werden in einer Tiefe von etwa 1,5 cm bis 2,5 cm in den Boden gelegt, in einem Abstand von etwa 20 bis 30 cm, um genügend Raum für das Wachstum zu gewährleisten. Um zarte Blätter zu erhalten, kann der Salat geerntet werden, wenn er die gewünschte Größe erreicht hat.

Gesundheitlicher Nutzen:

Bataviasalat ist reich an Vitaminen und Mineralstoffen, insbesondere Vitamin A und K sowie Antioxidantien und Ballaststoffe, die die allgemeine Gesundheit fördern. Dieser Salat kann eine ausgewogene Ernährung unterstützen und zur Verbesserung der Verdauung sowie zur Förderung der Herzgesundheit beitragen. Bataviasalat ist eine köstliche und gesunde Option für Salatliebhaber und eine großartige Ergänzung zu Ihrer Ernährung.

Chicorée

Chicorée (Cichorium intybus) ist eine beliebte Blattgemüsesorte mit einem leicht bitteren Geschmack. In der Küche ist Chicorée vielseitig einsetzbar. Er kann sowohl roh in Salaten genossen als auch gekocht oder gebacken verzehrt werden.

Anbau und Pflege:

Für ein glückliches Gedeihen bevorzugt Chicorée einen sonnigen bis halbschattigen Standort im Garten. Der Boden sollte gut durchlässig und reich an organischem Material sein. Die Aussaat der Chicorée-Samen erfolgt entweder im Frühjahr oder im Herbst. Regelmäßiges Gießen ist wichtig, um den Boden feucht zu halten und die Bitterkeit der Blätter zu reduzieren. Das Abdecken der Pflanzen mit Erde oder einem Topf in den letzten Wochen vor der Ernte fördert das Bleichen der Blätter.

Standort und Boden:
Chicorée gedeiht am besten im mäßig feuchten, gut durchlässigen Boden. Er kann sowohl in Gartenbeeten als auch in Pflanzgefäßen und Töpfen angebaut werden.

Aussaat und Wichtiges:
Die Samen werden in einer Tiefe von etwa 1 cm bis 2 cm in den Boden gelegt, in einem Abstand von etwa 20 bis 30 cm, um ausreichend Platz zum Wachsen zu haben. Die Ernte erfolgt, wenn die Köpfe die gewünschte Größe erreicht haben und die Blätter zart und blass sind.

Gesundheitlicher Nutzen:
Chicorée ist reich an Ballaststoffen, Vitaminen wie Vitamin C und Vitamin K sowie Mineralstoffen wie Folsäure und Kalium. Er enthält auch Inulin, eine Art löslicher Ballaststoff, was die Verdauung fördert. Chicorée kann unterstützend wirken, um den Blutdruck zu senken und die Gewichtskontrolle zu optimieren. Der leicht bittere Geschmack kann den Appetit zügeln und die Geschmacksvielfalt in der Küche erweitern. Chicorée stellt eine gute Alternative dar, um die ausgewogene Ernährung optimal zu ergänzen, da er sich in verschiedenen Gerichten verwenden lässt und zahlreiche gesundheitliche Vorteile bietet.

Eichblattsalat

Eichblattsalat, auch bekannt als Lollo Rosso oder Lollo Bionda, ist eine Salatsorte mit zarten, lockeren Blättern und einer leicht krausen Textur. Seine leuchtend grüne oder rötliche Farbe macht ihn zu einem echten Hingucker auf dem Teller, und sein milder, leicht nussiger Geschmack verführt die Geschmacksknospen in Salaten und Sandwiches.

Anbau und Pflege:

Für einen erfolgreichen Anbau bevorzugt der Eichblattsalat einen sonnigen bis halbschattigen Standort im Garten. Der Boden sollte gut durchlässig und reich an organischem Material sein. Die Aussaat erfolgt entweder im Frühjahr oder Herbst. Regelmäßiges Gießen ist wichtig, um den Boden feucht zu halten und das Wachstum zu fördern. Und vergiss nicht, die Pflanzen regelmäßig zu dünnen, damit sie genügend Platz zum Entfalten haben.

Standort und Boden:

Eichblattsalat gedeiht am besten in mäßig feuchtem, gut durchlässigem Boden. Du kannst ihn sowohl in Gartenbeeten als auch in Pflanzgefäßen und Kübeln anbauen.

Aussaat und Wichtiges:

Die Samen werden in einer Tiefe von etwa 0,5 cm bis 1 cm in den Boden gelegt, in einem Abstand von etwa 20 bis 30 cm, um genügend Raum für das Wachstum zu gewährleisten. Die Ernte erfolgt, wenn die Blätter die gewünschte Größe erreicht haben und bevor sich Blütenstängel bilden.

Gesundheitlicher Nutzen:

Eichblattsalat ist ein wahrer Nährstofflieferant, reich an Vitaminen wie Vitamin A, Vitamin K und Folsäure sowie an Antioxidantien und Ballaststoffen. Sein hoher Wassergehalt trägt zur Hydratation bei und fördert die Verdauung. Mit seinem Beitrag zur Hautgesundheit und der potenziellen Reduzierung chronischer Erkrankungen ist der Eichblattsalat nicht nur lecker, sondern auch eine echte Wohltat für deine Gesundheit.

Endivie

Endivie (Cichorium endivia) ist ein Blattgemüse aus der Familie der Korbblütler, das in verschiedenen Sorten erhältlich ist, darunter krause und glatte Endivie. Mit ihrem leicht bitteren Geschmack eignet sich Endivie sowohl für Salate als auch für gekochte Gerichte.

Anbau und Pflege:

Für ein optimales Wachstum bevorzugt Endivie einen sonnigen bis halbschattigen Standort im Garten mit gut durchlässigem, organischem Boden. Die Aussaat erfolgt am besten im Frühjahr oder Herbst. Während des Wachstums ist regelmäßiges Gießen entscheidend, und die Pflanzen sollten vor extremen Temperaturen geschützt werden. Um den Bitterstoffgehalt vor der Ernte zu reduzieren, können die Pflanzen abgedeckt werden, damit die Blätter ausbleichen.

Standort und Boden:

Endivie gedeiht am besten in mäßig feuchtem, gut durchlässigem Boden mit einem leicht sauren bis neutralen pH-Wert.

Aussaat und Wichtiges:

Die Samen werden in einer Tiefe von etwa 0,5 cm bis 1 cm in den Boden gelegt, mit einem Abstand von etwa 20 bis 30 cm, um ausreichend Platz für das Wachstum zu bieten. Geerntet wird, sobald die Blätter die gewünschte Größe erreicht haben und bevor sich Blütenstängel bilden.

Gesundheitlicher Nutzen:

Endivie ist reich an Ballaststoffen, Vitaminen wie Vitamin A, Vitamin K und Vitamin C sowie an Mineralstoffen wie Folsäure und Kalium. Sie enthält auch Antioxidantien zur Unterstützung des Immunsystems. Der leicht bittere Geschmack kann den Appetit anregen und die Verdauung fördern. Endivie kann Teil einer ausgewogenen Ernährung sein und zur Gewichtskontrolle sowie zur Herzgesundheit beitragen. Es ist ein vielseitiges und gesundes Blattgemüse, das in einer Vielzahl von Rezepten Verwendung findet und zahlreiche gesundheitliche Vorteile bietet.

Feldsalat (Rapunzel)

Feldsalat (Valerianella locusta), auch bekannt als Rapunzel oder Nüsschen, ist ein zartes Blattgemüse mit einem milden, leicht nussigen Geschmack. Besonders beliebt in Salaten und oft eine Grundzutat vieler grüner Mischsalate, ist Feldsalat bekannt für seine vitaminreiche Zusammensetzung und seine Vielseitigkeit in der Küche.

Anbau und Pflege:

Feldsalat gedeiht am besten in kühleren Klimazonen und kann von milden Wintern bis zum Frühling angebaut werden. Der

Boden sollte gut durchlässig und humusreich sein, um optimale Bedingungen zu gewährleisten. Die Aussaat erfolgt im Spätsommer oder Herbst für eine Ernte im Winter oder Frühjahr. Regelmäßiges Gießen und Schutz vor starkem Frost sind entscheidend, um das Wachstum zu fördern. Feldsalat ist pflegeleicht und erfordert nur wenig Aufmerksamkeit während des Anbaus.

Standort und Boden:
Feldsalat fühlt sich an einem sonnigen bis halbschattigen Standort am wohlsten. Der Boden sollte gut durchlässig und feucht, aber nicht wassergesättigt sein.

Aussaat und Wichtiges:
Die Samen werden oberflächlich in den Boden gestreut, etwa 1 cm bis 2 cm tief, in Reihen mit einem Abstand von etwa 10 cm bis 15 cm. Die Ernte erfolgt, wenn die Blätter die gewünschte Größe erreicht haben und bevor Blütenstängel auftreten.

Gesundheitlicher Nutzen:
Feldsalat ist reich an Vitaminen und Mineralstoffen, insbesondere Vitamin C, Vitamin A, Folsäure und Eisen. Er enthält Antioxidantien zur Stärkung des Immunsystems. Mit seinem niedrigen Kaloriengehalt und seinem Ballaststoffreichtum trägt er zur guten Verdauung und zur Unterstützung der Gewichtskontrolle bei. Feldsalat bietet eine Vielzahl weiterer positiver Eigenschaften für die Gesundheit und findet daher gerne Verwendung in vielseitigen Rezepten.

Friséesalat

Friséesalat, auch bekannt als Curly Endive oder Chicorée-Salat, ist eine Salatsorte mit zarten, gekräuselten Blättern und einem leicht bitteren Geschmack. Als Mitglied der Familie der Korbblütler zeichnet er sich durch seine charakteristische, krause Blattstruktur aus und wird häufig in Salaten sowie als Beilage in verschiedenen Gerichten verwendet.

Anbau und Pflege:
Für optimales Wachstum bevorzugt Friséesalat einen sonnigen bis halbschattigen Standort im Garten mit gut durchlässigem, organischem Boden. Die Aussaat der Samen erfolgt im Frühjahr oder Herbst, und regelmäßiges Gießen ist entscheidend für das Pflanzenwachstum. Um die Bitterkeit zu reduzieren, können die Pflanzen in den letzten Wochen vor der Ernte abgedeckt werden, um die Blätter bleichen zu lassen.

Standort und Boden:
Friséesalat gedeiht am besten in mäßig feuchtem, gut durchlässigem Boden mit einem leicht sauren bis neutralen pH-Wert.

Aussaat und Wichtiges:
Die Samen werden in einer Tiefe von etwa 0,5 cm bis 1 cm in den Boden gelegt, mit einem Abstand von etwa 20 bis 30 cm, um ausreichend Platz für das Wachstum zu bieten. Geerntet wird, wenn die Blätter die gewünschte Größe erreicht haben und bevor Blütenstängel auftreten.

Gesundheitlicher Nutzen:

Friséesalat ist reich an Ballaststoffen, Vitaminen wie Vitamin A, Vitamin K und Vitamin C sowie an Mineralstoffen wie Folsäure und Kalium. Er enthält auch Antioxidantien zur Stärkung des Immunsystems. Der leicht bittere Geschmack trägt zur Appetitanregung und Verdauungsförderung bei. Als gesunde Ergänzung in der Küche ist der Friséesalat unverzichtbar und bereichert viele Gerichte um sein aromatisches Aroma.

Kopfsalat

Kopfsalat (Lactuca sativa) gehört zu den beliebtesten und am häufigsten angebauten Salatsorten. Als Mitglied der Familie der Korbblütler zeichnet er sich durch seine zarten, knackigen Blätter aus und überzeugt mit seinem milden Geschmack. Kopfsalat ist die Grundlage vieler Salatrezepte, verleiht Sandwiches den gewissen Pfiff und rundet Gerichte sowohl optisch als auch geschmacklich ab.

Anbau und Pflege:

Für einen erfolgreichen Anbau bevorzugt Kopfsalat einen kühlen, halbschattigen Standort im Garten, insbesondere während der Sommermonate, um ein zu schnelles Aufschießen zu verhindern. Der Boden sollte gut durchlässig und reich an organischem Material sein. Die Aussaat erfolgt idealerweise im Frühjahr oder Herbst. Regelmäßiges Gießen ist entscheidend, um den Boden feucht zu halten und das Wachstum zu fördern. Das Abdecken der Pflanzen in den letzten Wochen vor der Ernte kann dazu beitragen, die Blätter zu bleichen und die Bitterkeit zu reduzieren.

Standort und Boden:

Kopfsalat gedeiht am besten in mäßig feuchtem, gut durchlässigem Boden mit einem leicht sauren bis neutralen pH-Wert.

Aussaat und Wichtiges:

Die Samen werden in einer Tiefe von etwa 0,5 cm bis 1 cm in den Boden gelegt, mit einem Abstand von etwa 20 bis 30 cm, um ausreichend Platz für das Wachstum zu bieten. Die Ernte erfolgt, wenn die Blätter die gewünschte Größe erreicht haben und bevor Blütenstängel auftreten.

Gesundheitlicher Nutzen:

Kopfsalat ist reich an Ballaststoffen, Vitaminen wie Vitamin A, Vitamin K und Vitamin C sowie an Mineralstoffen wie Folsäure und Kalium. Er enthält auch Antioxidantien, die das Immunsystem unterstützen. Dank seines niedrigen Kaloriengehalts trägt Kopfsalat zur Gewichtskontrolle bei und sein hoher Wassergehalt fördert Hydratation und Verdauung. Als gesunde Salatsorte peppt Kopfsalat viele Rezepte auf und ist eine wertvolle Ergänzung für einen ausgewogenen Ernährungsplan.

Krachsalat, (Eisbergsalat)

Krachsalat (Lactuca sativa var. capitata), ist eine beliebte Salatsorte, die für ihren knackigen, wasserreichen Kopf berühmt ist. Der Name "Krachsalat" kommt von dem knisternden Geräusch, das beim Zerkauen der Blätter entsteht. Eisbergsalat ist eine vielseitige Zutat für frische Salate, Sandwiches und Burger.

Anbau und Pflege:

Eisbergsalat gedeiht am besten an einem sonnigen bis halbschattigen Standort im Garten, besonders während der Sommermonate. Die Aussaat von Eisbergsalat-Samen erfolgt am besten im Frühjahr oder Herbst. Regelmäßiges Gießen ist entscheidend, um den Boden feucht zu halten und das Wachstum zu fördern. Um einen festen Kopf zu bilden, benötigt der Salat eine gleichmäßige Wasserversorgung und angemessene Pflege.

Standort und Boden:

Für optimales Wachstum sollte der Boden mäßig feucht und gut durchlässig sein, mit einem leicht sauren bis neutralen pH-Wert.

Aussaat und Wichtiges:

Die Samen werden in einer Tiefe von etwa 0,5 cm bis 1 cm in den Boden gelegt, mit einem Abstand von etwa 30 bis 45 cm, um genügend Platz für das Wachstum zu bieten. Die Ernte erfolgt, wenn der Kopf fest ist und die Blätter die gewünschte Größe erreicht haben.

Gesundheitlicher Nutzen:

Eisbergsalat ist kalorienarm und reich an Ballaststoffen sowie Wasser. Er enthält Vitamine und Mineralstoffe wie Vitamin K, Vitamin A und Folsäure. Mit seinem milden Geschmack und seiner knackigen Textur ist Eisbergsalat nicht nur erfrischend, sondern bietet auch viele gesundheitliche Vorteile. In der Küche ist er äußerst vielseitig einsetzbar und wird von Menschen jeden Alters gerne genossen.

Löwenzahn

Löwenzahn (Taraxacum officinale) ist eine Pflanzenart aus der Familie der Korbblütler, die sich durch ihre charakteristischen gelben Blüten und gezahnten Blätter auszeichnet. Diese weit verbreitete Pflanze hat eine lange Geschichte in der traditionellen Volksmedizin und ist für ihren leicht bitteren Geschmack bekannt, der oft in verschiedenen kulinarischen Zubereitungen Verwendung findet.

Anbau und Pflege:

Löwenzahn kann in verschiedenen Lebensräumen wachsen, von Gärten bis hin zu Wiesen und Wäldern. Die Pflanze bevorzugt einen sonnigen bis halbschattigen Standort und gedeiht in verschiedenen Bodentypen, solange sie gut durchlässig sind. Die Vermehrung kann durch Samen oder Teilen von Wurzeln erfolgen. Regelmäßiges Gießen ist besonders in den ersten Wochen nach dem Pflanzen wichtig, um das Anwachsen zu fördern. Um zarte Blätter zu erhalten, kann das Abdecken der Pflanzen einige Wochen vor der Ernte hilfreich sein.

Standort und Boden:

Löwenzahn gedeiht am besten in mäßig feuchtem, gut durchlässigem Boden, der leicht sauer bis neutral sein sollte. Die Pflanze ist in der Regel anspruchslos und passt sich verschiedenen Bodenbedingungen an.

Aussaat und Wichtiges:

Die Samen können in einer Tiefe von etwa 1 cm in den Boden gelegt werden, mit einem Abstand von etwa 10 bis 15 cm zwischen den Pflanzen. Die Ernte erfolgt, wenn die Blätter die gewünschte Größe erreicht haben, bevor die Pflanze in die Blüte geht. Die jungen Blätter sind zarter und weniger bitter. Es ist wichtig, Löwenzahn in einem Bereich anzubauen, in dem keine Herbizide oder Pestizide verwendet werden, um die Pflanze nicht zu beeinträchtigen.

Gesundheitlicher Nutzen:
Löwenzahn ist reich an Ballaststoffen, Vitaminen (insbesondere Vitamin A und Vitamin K) sowie Mineralstoffen wie Kalium. Die leicht bitteren Blätter fördern die Verdauung und regen den Appetit an. In der traditionellen Medizin wird Löwenzahn für seine entzündungshemmenden und harntreibenden Eigenschaften geschätzt. Die Pflanze kann Teil einer ausgewogenen Ernährung sein und zur allgemeinen Gesundheit beitragen. Löwenzahn ist eine vielseitige Pflanze, die nicht nur in der Küche Verwendung findet, sondern auch gesundheitliche Vorteile bietet. Mit seinem leicht bitteren Geschmack und seiner robusten Natur ist Löwenzahn eine interessante Ergänzung für Salate und andere Gerichte.

Mizuna

Mizuna (Brassica rapa var. nipposinica) ist ein japanisches Blattgemüse aus der Familie der Kreuzblütler, das für seine zarten, sanft gewellten Blätter und seinen leicht würzigen, bitteren Geschmack bekannt ist. Häufig findet Mizuna Verwendung in Salaten und rohen Gerichten, kann aber auch gedünstet, gebraten oder in Suppen verarbeitet werden.

Anbau und Pflege:

Mizuna gedeiht am besten an einem sonnigen bis halbschattigen Standort im Garten. Der Boden sollte gut durchlässig und reich an organischem Material sein. Die Aussaat von Mizuna-Samen ist aufgrund seiner Kälte- und Hitzeresistenz in verschiedenen Jahreszeiten möglich. Regelmäßiges Gießen ist entscheidend für ein gesundes Wachstum, wie bei den meisten Salatpflanzen.

Standort und Boden:

Mizuna wächst gut in mäßig feuchtem, gut durchlässigem Boden und kann sowohl in Beeten als auch in Töpfen und Kübeln angebaut werden.

Aussaat und Wichtiges:

Die Samen sollten in einer Tiefe von etwa 0,5 cm bis 1 cm in den Boden gelegt werden, mit einem Abstand von etwa 15 bis 20 cm zwischen den Samen, um ausreichend Platz für das Wachstum zu gewährleisten. Mizuna kann bereits nach etwa 4-6 Wochen nach der Aussaat geerntet werden, sobald die Salatblätter die gewünschte Größe erreicht haben.

Gesundheitlicher Nutzen:

Mizuna ist reich an Ballaststoffen, Vitaminen (insbesondere Vitamin C und Vitamin K) und Mineralstoffen (wie Kalzium und Eisen). Es enthält verschiedene Antioxidantien, die das Immunsystem stärken und die Herzgesundheit fördern. Dank seines niedrigen Kaloriengehalts und seiner gesunden Nährstoffe kann Mizuna einen wertvollen Beitrag zu einer ausgewogenen Ernährung leisten. Die vielseitige Salatsorte verleiht mit ihrer leichten Würze Salaten und anderen Gerichten eine raffinierte Note.

Microgreen

Microgreens sind kleine, zarte Pflänzchen verschiedener Gemüse und Kräuter, die geerntet werden, wenn sie noch sehr jung sind, oft nur ein paar Zentimeter groß. Sie zeichnen sich durch ihre reichhaltigen Nährstoffe und ihren intensiven Geschmack aus. Microgreensalate bestehen hauptsächlich aus diesen kleinen Pflänzchen und können allein oder mit anderen Salatbestandteilen wie Blattsalaten oder Sprossen genossen werden. Beliebt sind sie wegen ihrer Vielfalt an Aromen, Texturen und Nährstoffen, und sie werden als gesunde Beilage oder Hauptgericht serviert.

Anbau und Pflege:
Microgreens können einfach zu Hause auf Fensterbänken oder in kleinen Behältern angebaut werden. Die Samen werden in einer flachen Schicht auf speziellen Anbaumatten oder in der Erde ausgesät und benötigen ausreichend Licht, entweder natürliches Sonnenlicht oder künstliche Pflanzenlampen. Regelmäßiges Gießen ist wichtig, um die Feuchtigkeit zu erhalten, da Microgreens schnell austrocknen.

Standort und Boden:
Microgreens gedeihen gut an sonnigen Orten mit indirektem Licht. Der Boden oder das Substrat sollte leicht und gut durchlässig sein.

Aussaat und Wichtiges:

Die Samen werden dicht auf die Anbaufläche gesät und leicht angedrückt. Die Keimdauer variiert je nach Pflanzensorte und liegt zwischen 7 bis 21 Tagen. Die Microgreens werden geerntet, wenn sie etwa 2 bis 7,5 cm hoch sind, je nach persönlicher Vorliebe.

Gesundheitlicher Nutzen:

Microgreens sind reich an Nährstoffen wie Vitaminen (insbesondere Vitamin C und Vitamin K), Mineralstoffen und Antioxidantien. Sie enthalten auch Ballaststoffe und können zur allgemeinen Gesundheit beitragen. Aufgrund ihrer hohen Nährstoffdichte sind sie eine großartige Ergänzung zu Salaten, Sandwiches und anderen Gerichten. Microgreensalat ist eine köstliche und gesunde Option, die in kürzester Zeit zu Hause angebaut werden kann, und die Vielfalt der verfügbaren Sorten ermöglicht es, eine breite Palette von Geschmacksrichtungen und gesundheitlichen Vorteilen zu genießen.

Pak Choi (Chinakohl)

Pak Choi (Brassica rapa subsp. chinensis) ist ein Blattgemüse aus der Familie der Kreuzblütler und stammt ursprünglich aus China. Es ist bekannt für seine knackigen Stiele und zarten Blätter und wird in asiatischen Gerichten verwendet. Pak Choi hat einen milden, leicht würzigen Geschmack und bietet eine breite Palette von Verwendungsmöglichkeiten in der Küche.

Anbau und Pflege:

Pak Choi bevorzugt einen sonnigen bis halbschattigen Standort im Garten. Der Boden sollte gut durchlässig und reich an organischem Material sein. Die Aussaat von Pak Choi-Samen erfolgt im Frühjahr oder Herbst. Regelmäßiges Gießen ist wichtig, um den Boden feucht zu halten und das Wachstum zu fördern.

Standort und Boden:

Pak Choi gedeiht in mäßig feuchtem, gut durchlässigem Boden. Der Boden sollte leicht sauer bis neutral sein.

Aussaat und Wichtiges:

Die Samen werden in einer Tiefe von etwa 0,5 cm bis 1 cm in den Boden gelegt. Die Pflanzen benötigen ausreichend Platz, um sich zu entfalten, und sollten etwa 20 bis 30 cm voneinander entfernt stehen. Die Pflanzen können geerntet werden, wenn sie die gewünschte Größe erreicht haben, normalerweise nach etwa 6-8 Wochen.

Gesundheitlicher Nutzen:

Pak Choi ist reich an Ballaststoffen, Vitaminen (insbesondere Vitamin C, Vitamin K und Folsäure) und Mineralstoffen (wie Kalzium und Kalium). Es enthält auch Antioxidantien und sekundäre Pflanzenstoffe, die zur Unterstützung der Gesundheit beitragen. Pak Choi kann zur Verbesserung der Verdauung, zur Stärkung des Immunsystems und zur Förderung der Herzgesundheit förderlich sein. Aufgrund seines niedrigen Kaloriengehalts ist er eine gesunde Wahl für eine ausgewogene Ernährung. Pak Choi ist eine vielseitige und gesunde Sorte, die in vielen asiatischen Gerichten und Salaten verwendet wird und aufgrund ihres milden Geschmacks und ihrer gesundheitlichen Vorteile sehr geschätzt wird.

Portulak

Portulak (Portulaca oleracea) wird in vielen Teilen der Welt als Wildpflanze kultiviert und ist auch als Gemüse bekannt. Es wird aufgrund seiner saftigen, leicht säuerlichen Blätter und Stängel geschätzt und in Salaten, Suppen und als Beilage zu verschiedenen Gerichten verwendet.

Anbau und Pflege:
Portulak gedeiht gut in sonnigen bis halbschattigen Lagen im Garten. Der Boden sollte gut durchlässig sein, um Staunässe zu vermeiden. Die Pflanze kann aus Samen oder Stecklingen gezogen werden. Regelmäßiges Gießen ist wichtig, insbesondere während trockener Perioden, um den Boden feucht zu halten. Portulak ist resistent gegenüber Trockenheit und kann daher in verschiedenen Klimazonen angebaut werden.

Standort und Boden:
Portulak gedeiht in mäßig feuchtem, gut durchlässigem Boden und kann in Gärten, Töpfen oder Balkonkästen angebaut werden.

Aussaat und Wichtiges:
Die Samen werden in einer flachen Schicht auf den Boden gelegt und leicht angedrückt. Die Pflanzen können bereits nach etwa 6-8 Wochen geerntet werden, wenn sie eine angemesse-

ne Größe erreicht haben. Portulak kann mehrmals während der Saison geerntet werden.

Gesundheitlicher Nutzen:
Portulak ist reich an Ballaststoffen, Vitaminen und Mineralstoffen, wie Kalzium, Kalium und Eisen. Er enthält auch Omega-3-Fettsäuren, die die Herzgesundheit unterstützen. Portulak fördert die Verdauung und ist kalorienarm. Aufgrund seiner entzündungshemmenden Eigenschaften ist Portulak eine vielseitige und gesunde Pflanze, die in vielen verschiedenen Gerichten verwendet wird und zahlreiche gesundheitliche Vorteile bietet.

Romana-Salat (Römersalat)

Romana-Salat (Lactuca sativa var. longifolia) ist eine Salatsorte, die für ihre langen, knackigen Blätter und ihren milden, leicht nussigen Geschmack bekannt ist. Er gehört zur Familie der Korbblütler und ist eine beliebte Wahl für verschiedene Salate und Sandwiches. Romana-Salat ist auch als Römersalat oder Herzensalat bekannt.

Anbau und Pflege:
Romana-Salat bevorzugt einen sonnigen bis halbschattigen Standort im Garten. Der Boden sollte gut durchlässig und reich an organischem Material sein. Die Aussaat von Romana-Salat-Samen erfolgt im Frühjahr oder Herbst. Regelmäßiges Gießen ist wichtig, um den Boden feucht zu halten und das Wachstum zu fördern.

Standort und Boden:
Romana-Salat gedeiht in mäßig feuchtem, gut durchlässigem Boden. Der Boden sollte leicht sauer bis neutral sein.

Aussaat und Wichtiges:
Die Samen werden in einer Tiefe von etwa 0,5 cm bis 1 cm in den Boden gelegt, mit einem Abstand von etwa 20 bis 30 cm, um sich zu entfalten. Die Pflanzen werden geerntet, wenn die Blätter die gewünschte Größe erreicht haben und bevor sich Blütenstängel bilden.

Gesundheitlicher Nutzen:
Romana-Salat ist reich an Ballaststoffen, Vitaminen (insbesondere Vitamin A, Vitamin K und Folsäure) und Mineralstoffen (wie Kalzium und Kalium). Er enthält auch Antioxidantien und sekundäre Pflanzenstoffe, die zur Förderung der Gesundheit beitragen. Romana-Salat trägt zur Verbesserung der Verdauung bei, unterstützt das Immunsystem und die Herzgesundheit. Aufgrund seines niedrigen Kaloriengehalts und seiner gesunden Nährstoffe ist er eine gesunde Wahl für eine ausgewogene Ernährung. Romana-Salat ist eine beliebte und vielseitige Salatsorte, die in vielen verschiedenen Gerichten Verwendung findet und aufgrund ihres milden Geschmacks und ihrer gesundheitlichen Vorteile geschätzt wird.

Rucola

Rucola (Eruca sativa), auch bekannt als Rauke oder Arugula, hat einen markanten, leicht scharfen Geschmack. Er gehört zur Familie der Kreuzblütler und ist für seine tief geschnittenen

Blätter und seine intensiven Aromen beliebt. Rucola wird roh in Salaten verwendet, kann aber auch gedünstet, gebraten oder als Pizzabelag dienen.

Anbau und Pflege:
Rucola gedeiht am besten an einem sonnigen bis halbschattigen Standort im Garten, auf dem Balkon oder in Töpfen. Der Boden sollte gut durchlässig sein, keine Staunässe aufweisen und reich an organischem Material sein. Die Aussaat von Rucola-Samen oder Stecklingen erfolgt am besten im Frühjahr oder Herbst. Regelmäßiges Gießen ist wichtig, um den Boden feucht zu halten und das Wachstum zu fördern. Rucola ist ziemlich robust und kann in verschiedenen Klimazonen wachsen.

Standort und Boden:
Rucola gedeiht in mäßig feuchtem, gut durchlässigem Boden. Der Boden sollte leicht sauer bis neutral sein.

Aussaat und Wichtiges:
Die Samen werden in einer flachen Schicht auf den Boden gelegt und leicht angedrückt, in einem Abstand von etwa 15-20 cm. Die Pflanzen können nach etwa 4-6 Wochen geerntet werden, wenn sie eine angemessene Größe erreicht haben. Die Ernte kann fortgesetzt werden, indem man die äußeren Blätter abschneidet, während die Pflanze weiter wächst.

Gesundheitlicher Nutzen:
Rucola ist reich an Ballaststoffen und Vitaminen (insbesondere Vitamin K, Vitamin A und Vitamin C) sowie Mineralstoffen (wie Folsäure und Kalium). Er enthält auch Antioxidantien und se-

kundäre Pflanzenstoffe, die zur Förderung der Gesundheit beitragen. Rucola kann die Verdauung unterstützen und aufgrund seines niedrigen Kaloriengehalts auch die Gewichtskontrolle fördern. Sein intensiver Geschmack bietet eine aromatische Vielfalt in der Küche. Rucola ist vielseitig und wird aufgrund seines charakteristischen Geschmacks und seiner gesundheitlichen Vorteile sehr geschätzt.

Spinat/Babyspinatsalat

Babyspinat ist eine zarte Variante des Spinats (Spinacia oleracea), die aus jungen, zarten Blättern gewonnen wird. Er ist bekannt für seine zarten, frischen Blätter und seinen milden, leicht nussigen Geschmack. Babyspinat wird roh in Salaten verwendet, kann aber auch gedünstet, gebraten oder in verschiedenen Gerichten zubereitet werden.

Anbau und Pflege:
Babyspinat gedeiht am besten an einem sonnigen bis halbschattigen Standort im Garten. Der Boden sollte gut durchlässig und reich an organischem Material sein. Die Aussaat von Babyspinat-Samen erfolgt im Frühjahr oder Herbst. Regelmäßiges Gießen ist wichtig, um den Boden feucht zu halten und das Wachstum zu fördern.

Standort und Boden:
Babyspinat gedeiht in mäßig feuchtem, gut durchlässigem Boden. Der Boden sollte leicht sauer bis neutral sein.

Aussaat und Wichtiges:

Die Samen werden in einer flachen Schicht auf den Boden gelegt und leicht angedrückt. Die Pflanzen benötigen ausreichend Platz und sollten etwa 15 bis 20 cm voneinander entfernt stehen. Die Blätter können bereits nach etwa 4-6 Wochen geerntet werden, wenn sie eine angemessene Größe erreicht haben. Die Ernte erfolgt normalerweise durch Abschneiden der äußeren Blätter, während die Pflanze weiter wächst.

Gesundheitlicher Nutzen:

Babyspinat ist reich an Ballaststoffen, Vitaminen (insbesondere Vitamin K, Vitamin A und Folsäure) sowie Mineralstoffen (wie Kalzium und Kalium). Er enthält auch Antioxidantien und sekundäre Pflanzenstoffe zur Unterstützung der Gesundheit. Babyspinat fördert die Verdauung und ist hilfreich bei der Gewichtskontrolle. Außerdem soll Babyspinat hilfreich sein, das Risiko von chronischen Krankheiten zu reduzieren. Aufgrund seines niedrigen Kaloriengehalts ist er eine gesunde Wahl für eine ausgewogene Ernährung. Babyspinat ist eine beliebte und vielseitige Zutat in vielen Gerichten und Salaten und bietet aufgrund seiner zarten Blätter und seiner gesundheitlichen Vorteile eine gesunde und leckere Option.

Tatsoi

Tatsoi (Brassica rapa subsp. narinosa), auch als Rosettenkohl oder Senfkohl bekannt, ist ein Blattsalat, der zur Familie der Kreuzblütler gehört. Es ist bekannt für seine dicht wachsenden Rosetten aus dunkelgrünen, glänzenden Blättern und seinen milden, leicht würzigen Geschmack. Tatsoi wird häufig in asiatischen Gerichten und Salaten verwendet.

Anbau und Pflege:
Tatsoi gedeiht am besten an einem sonnigen bis halbschattigen Standort im Garten. Der Boden sollte gut durchlässig und reich an organischem Material sein. Die Aussaat von Tatsoi-Samen erfolgt im Frühjahr oder Herbst. Regelmäßiges Gießen ist wichtig, um den Boden feucht zu halten und das Wachstum zu fördern.

Standort und Boden:
Tatsoi gedeiht in mäßig feuchtem, gut durchlässigem Boden. Der Boden sollte leicht sauer bis neutral sein.

Aussaat und Wichtiges:
Die Samen werden in einer flachen Schicht auf den Boden gelegt und leicht angedrückt. Die Pflanzen benötigen ausreichend Platz, um sich zu entfalten, und sollten etwa 20 bis 30 cm voneinander entfernt stehen. Nach etwa 4-6 Wochen kann geerntet werden, wenn sie eine angemessene Größe erreicht haben. Die Ernte erfolgt normalerweise durch Abschneiden der äußeren Blätter, während die Pflanze weiter wächst.

Gesundheitlicher Nutzen:
Tatsoi ist reich an Ballaststoffen, Vitaminen (insbesondere Vitamin C, Vitamin A und Folsäure) sowie Mineralstoffen (wie Kalzium und Eisen). Er enthält auch Antioxidantien und sekundäre Pflanzenstoffe zur Unterstützung der Gesundheit. Tatsoi

fördert die Verdauung, stärkt das Immunsystem und unterstützt die Herzgesundheit. Aufgrund seines niedrigen Kaloriengehalts ist er eine gesunde Wahl für eine ausgewogene Ernährung. Tatsoi ist eine vielseitige und gesunde Salatsorte, die in vielen asiatischen Gerichten und Salaten verwendet wird und aufgrund ihres milden Geschmacks und ihrer gesundheitlichen Vorteile geschätzt wird.

Die wichtigsten Kräuter für die Salate

Ein Salatgericht ohne Kräuter ist wie eine Melodie ohne Harmonie. Es fehlen einfach die feinen Nuancen, die aus einem einfachen Gericht etwas Besonderes machen. Das Anpflanzen von Kräutern in deinem eigenen Garten oder auf deinem Balkon kann eine echte Bereicherung für deine kulinarischen Abenteuer sein. Frische Kräuter, die direkt vor deiner Haustür wachsen, verleihen nicht nur deinen Gerichten einen Geschmackskick, sondern bieten auch viele weitere Vorteile. Kräuter sind das Geheimnis, das deine Salate auf das nächste Level bringt. Jede einzelne Kräutersorte fügt einen Hauch von Aroma und Frische hinzu, der deine Salatkreationen von durchschnittlich zu außergewöhnlich verwandelt. Diese kleinen Blätter und Stängel wirken wie natürliche Geschmacksverstärker und geben deinen Salaten einen unverwechselbaren Charakter.

Aber Kräuter sind nicht nur für den Geschmack da. Sie sind auch vollgepackt mit gesundheitlichen Vorteilen. Vitamine, Mineralien und Antioxidantien in Kräutern unterstützen dein Wohlbefinden und stärken dein Immunsystem. Durch ihren Anbau kannst du frische und nachhaltige Zutaten in deine Mahlzeiten integrieren, ohne auf importierte Produkte angewiesen zu sein.

Der Anbau von Kräutern ist außerdem super einfach und erfordert nicht viel Platz. Egal, ob du einen kleinen Kräutergarten anlegst oder Töpfe auf deiner Fensterbank platzierst. Kräuter sind anpassungsfähig und pflegeleicht. Sie brauchen nur Sonnenlicht, regelmäßiges Gießen und ab und zu etwas Dünger.

Kräuter öffnen die Tür zu einer kreativeren Küche. Du kannst verschiedene Sorten kombinieren, neue Geschmackskombinationen ausprobieren und deine eigenen einzigartigen Rezepte kreieren. Ob als frische Gewürze, für die Zubereitung von Dressings oder als hübsche Garnitur. Kräuter sind vielseitig und inspirierend.

Kurz gesagt, das Anpflanzen von Kräutern in deinem Garten oder auf deinem Balkon ist eine sinnvolle und lohnende Entscheidung. Sie bereichern nicht nur deine Küche mit Geschmack und Gesundheit, sondern bringen auch Freude am Gärtnern und Experimentieren in dein Leben. Die Vielfalt und der Reichtum der Kräuterwelt sind ein Schatz, den es zu entdecken gilt. Sowohl im Garten als auch auf deinem Teller.

Basilikum

Basilikum ist ein aromatisches und vielseitiges Kraut, das für seinen intensiven Duft und seinen süßen Geschmack bekannt ist. Der Anbau und die Pflege von Basilikum sind relativ einfach. Es gedeiht am besten an einem sonnigen Standort mit gut durchlässigem Boden. Regelmäßiges Beschneiden der Blätter fördert das Wachstum. Basilikum ist ein Hauptbestandteil von Pesto und wird häufig in mediterranen Gerichten, Saucen, Salaten und als Garnitur verwendet. Gesundheitlich bietet Basilikum eine Fülle von Vorteilen, da es reich an Vitamin K, Vitamin A und Antioxidantien ist. Es kann zur Verbesserung der Verdauung und zur Linderung von Entzündungen beitragen.

Koriander

Koriander ist ein Kraut mit einem frischen, zitronigen Aroma und einem charakteristischen Geschmack. Er benötigt viel Sonnenlicht und gut durchlässigen Boden. Koriander kann schnell wachsen und sollte früh geerntet werden, um Bitterkeit zu vermeiden. Dieses vielseitige Kraut wird in vielen internationalen Küchen verwendet, besonders in asiatischen, mexikanischen und indischen Gerichten. Gesundheitlich enthält Koriander Vitamin C und K sowie antioxidative Eigenschaften. Er kann die Verdauung fördern und zur Entgiftung beitragen.

Petersilie

Petersilie ist eine weit verbreitete Kräutersorte, die für ihren frischen Geschmack und ihre vielseitige Verwendung geschätzt wird. Sie gedeiht gut an sonnigen oder halbschattigen Standorten und benötigt mäßig feuchten Boden. Regelmäßiges Beschneiden fördert das Wachstum. Petersilie wird häufig als Garnitur für Gerichte, in Suppen, Saucen und Salaten verwendet. Gesundheitlich ist Petersilie reich an Vitamin C, Vitamin K und Antioxidantien. Sie kann die Verdauung unterstützen und zur Stärkung des Immunsystems beitragen.

Radieschensprossen

Radieschensprossen sind junge Keimpflanzen von Radieschen und haben einen scharfen, würzigen Geschmack. Sie können leicht in flachen Behältern oder auf Baumwollsprossen angebaut werden und benötigen wenig Platz. Radieschensprossen werden roh in Salaten, Sandwiches und als Garnitur verwendet. Sie sind reich an Vitamin C und Ballaststoffen und können die Verdauung fördern und den Körper mit Antioxidantien versorgen.

Senfpflanzen

Senfpflanzen sind Kräutersorten mit einem scharfen, würzigen Geschmack und kommen in verschiedenen Varianten vor. Sie gedeihen in sonnigen bis halbschattigen Lagen und sind pflegeleicht. Senfpflanzen werden in Salaten, Sandwiches und als Gewürz in Saucen und Marinaden verwendet. Gesundheitlich können sie zur Linderung von Entzündungen beitragen und die Verdauung fördern. Ihr Verzehr liefert Vitamine und Antioxidantien.

Schnittlauch

Schnittlauch ist eine aromatische Kräutersorte mit einem milden, zwiebelähnlichen Geschmack. Er gedeiht in sonnigen bis halbschattigen Lagen und benötigt gut durchlässigen Boden. Schnittlauch wird oft in Salaten, Suppen, Eierspeisen und als Garnitur für verschiedene Gerichte verwendet. Gesundheitlich ist Schnittlauch reich an Vitamin K und Antioxidantien. Er kann zur Stärkung des Immunsystems beitragen und hat entzündungshemmende Eigenschaften.

Pimpinelle

Pimpinelle (Sanguisorba minor) hat einen leicht scharfen Geschmack mit einer leichten Anisnote. Sie benötigt einen feuchten Standort im Halbschatten und kann leicht in Töpfen oder im Garten angebaut werden. Pimpinelle verleiht Salaten, Suppen und Dressings einen erfrischenden Geschmack.

Zitronenmelisse

Zitronenmelisse (Melissa officinalis) hat ein zitroniges Aroma mit einem Hauch von Minze. Sie wächst schnell und benötigt regelmäßiges Beschneiden. Zitronenmelisse kann in Töpfen oder im Garten wachsen und gedeiht in gut durchlässigem Boden bei vollem Sonnenlicht bis Halbschatten. Zitronenmelisse ist eine großartige Zutat für Tee, Desserts, Salate und Fischgerichte.

Jedes dieser Kräuter bietet einzigartige Aromen und kulinarische Möglichkeiten, die deine Gerichte aufwerten und deinen Garten oder Balkon in eine grüne Oase verwandeln können.

Standortwahl – Bodenvorbereitung und Dünger

Salatliebhaber! Wenn du dich in die aufregende Welt des Salatanbaus stürzt, ist die Wahl des perfekten Standorts und die sorgfältige Bodenvorbereitung der erste Schritt auf deiner Reise zu knackigen, köstlichen Blättern. Also schnapp dir deine Gartengeräte und lass uns loslegen!

Der ideale Standort für deine Salatgärtnerei sollte ein Sonnenparadies sein, aber ein bisschen Schatten ist auch okay. Dein Salat braucht mindestens sechs Stunden Sonnenlicht am Tag, um seine volle Pracht zu entfalten. Denk daran, dass nicht nur du Sonne liebst, auch deine Salatpflanzen sind darauf scharf! Aber hey, sie mögen es auch nicht zu nass. Ein gut durchlässiger Boden ist das Geheimnis, um Staunässe zu vermeiden, damit deine Pflänzchen sich pudelwohl fühlen.

Ein windgeschützter Ort ist wie eine gemütliche Decke für deine Salatbabys. Niemand mag es, von starken Böen hin und her geschüttelt zu werden, und deine zarten Blätter erst recht nicht! Also, such dir einen geschützten Platz aus, damit deine Pflanzen sich entspannt entfalten können, ohne sich ständig gegen den Wind stemmen zu müssen.

Ach ja, und vergiss nicht die goldene Regel des Gärtners: Wasser, Wasser, überall Wasser! Stell sicher, dass deine Salatgärtnerei in der Nähe einer Wasserquelle liegt, damit du deine Pflanzen regelmäßig gießen kannst. Dein Salat wird es dir mit zarten Blättern und frischen Aromen danken.

Mit diesen Tipps und Tricks wird dein Salatgarten zum strahlenden Star deines Gartens oder Balkons. Schnapp dir deine Gießkanne und mach dich bereit für eine erfrischende Ernte!

Die Bodenvorbereitung

Okay, jetzt wird's ernst! Bevor du deine Salatbabys in die Erde setzt, musst du sicherstellen, dass der Boden bereit ist, sie mit offenen Armen zu empfangen. Hier sind einige wichtige Schritte, die du nicht überspringen solltest, um deinen Salatgarten auf Erfolgskurs zu bringen.

Erstens, raus mit dem Unkraut! Bevor du auch nur daran denkst, deinen Salat anzubauen, mach dich auf die Jagd nach lästigen Unkräutern und alten Pflanzenresten. Diese können deinen Salatpflanzen die Nährstoffe und Feuchtigkeit stehlen, die sie zum Gedeihen brauchen. Also schnapp dir deine Gartenhandschuhe und mach dich ans Werk!

Dann kommt die Bodenlockerung. Schnapp dir deine Gartenhacke oder eine Grabegabel und lass den Boden atmen! Durch das Lockern des Bodens wird er schön durchlässig, damit sich die Wurzeln deiner Salatpflanzen frei entfalten können. Keine beengten Verhältnisse für unsere grünen Freunde!

Jetzt geht's ans Eingemachte: die Bodenverbesserung. Hol dir etwas organische Power in Form von Kompost oder gut verrottetem Mist und mische es unter den Boden. Das gibt deinen Pflanzen den Nährstoffboost, den sie brauchen, um groß und stark zu werden. Und vergiss nicht, den pH-Wert zu checken! Ein pH-Wert zwischen 6,0 und 7,0 ist das, was deine Salatpflanzen glücklich macht. Keine Sorge, du musst kein Chemiker sein. In den Gartenfachgeschäften gibt's Testkits für den Boden.

Zu guter Letzt: Deck den Boden mit einer Schicht Mulch ab. Das hält die Feuchtigkeit drin, unterdrückt Unkraut und sorgt dafür, dass die Bodentemperatur schön stabil bleibt. Dein Salat wird es lieben!

Mit diesen Schritten legst du den Grundstein für eine Salatparty in deinem Garten oder auf deinem Balkon. Also, ab in die Erde und lass deine grünen Träume wahr werden!

Die Bodenstruktur

Konzentrieren wir uns einen Moment auf das, was unter unseren Füßen liegt – den Boden! Die Qualität und Struktur des Bodens sind das A und O für einen erfolgreichen Salatanbau. Ein gesunder, glücklicher Boden bedeutet glückliche Salatpflanzen und eine reiche Ernte.

Was macht einen guten Boden aus? Nun, eine krümelige Struktur ist das, was wir anstreben. Warum? Weil krümeliger Boden den Wurzeln unserer Salatbabys den Weg ebnen und gleichzeitig für eine gute Belüftung und Drainage sorgen. Klingt nach dem idealen Zuhause für unsere grünen Freunde, oder?

Wenn du deinen Boden richtig vorbereitest und ihm die Liebe und Aufmerksamkeit schenkst, die er verdient, wirst du mit üppigen, gesunden Salaten belohnt. Denk dran, der Boden ist der Schlüssel zu einer erfolgreichen Ernte! Also, bitte, tu ihm einen Gefallen und trampel nicht herum oder verdichte ihn zu sehr. Das wäre so, als würdest du deinen Salat in zu enge Schuhe zwängen – kein guter Look und keine gute Idee!

Fruchtfolge und Mischkultur

Wenn es um den Anbau von Salat geht, ist es wichtig, dass du deine Anbaufläche klug planst. Vermeide es, Salat oder andere Blattgemüse jedes Jahr am selben Fleck anzupflanzen. Warum? Nun, auf diese Weise kannst du das Risiko von Bodenkrankheiten und Schädlingsbefall reduzieren. Eine gute Strategie ist die Mischkultur, bei der du Salat mit anderen Gemüsesorten kombinierst. Das kann nicht nur dabei helfen, Schädlinge fernzuhalten, sondern auch die Gesundheit deines Bodens erhalten oder sogar verbessern. Stell dir vor, wie Salat und Karotten sich gegenseitig beschützen, während Dill und Petersilie im Hintergrund eine kleine Gartenparty feiern. Klingt nach einer perfekten Kombination, oder?

Die Bodenqualität und der Bodentyp

Hier kommt ein bisschen Bodenwissenschaft ins Spiel! Salat liebt es, in einem Boden zu wachsen, der Wasser gut durchlässt, aber gleichzeitig auch genug davon speichern kann. Wenn dein Boden zu lehmig oder tonig ist, könnte das Wasser stauen, während sandiger Boden es schnell abfließen lässt. Das Ziel ist ein lockerer, fruchtbarer Boden, der Nährstoffe und Feuchtigkeit wie ein Champion hält.

Bodenverbesserung

Wie machen wir das? Nun, die Antwort liegt in organischen Materialien wie Kompost, verrottetem Mist oder Laubmulch. Diese Schätze der Natur verbessern nicht nur die Bodenstruktur, sondern erhöhen auch den Nährstoffgehalt. Sie sind wie ein Energie für deine Salatpflanzen! Und wenn nötig, kannst

du auch etwas Mineraldünger hinzufügen, um den Nährstoffgehalt anzupassen. Aber Vorsicht – zu viel des Guten kann
einen bitteren Geschmack hinterlassen. Und vergiss nicht den
pH-Wert! Ein glücklicher Boden bedeutet glückliche Salate.

pH-Wert des Bodens

Erinnern wir uns kurz: Der pH-Wert gibt an, ob unser Boden
sauer oder alkalisch (basisch) ist. Für Salat ist ein pH-Wert zwischen 6,0 und 7,0 ideal, was als leicht sauer bis neutral be-
trachtet wird. Wenn der pH-Wert zu niedrig oder zu hoch ist,
können deine Pflanzen Schwierigkeiten haben, Nährstoffe aufzunehmen.

Du kannst den pH-Wert deines Bodens ganz einfach mit pH-
Testkits überprüfen. Diese kleinen Helferlein bekommst du in
Gartencentern oder online.

Um den pH-Wert anzupassen, entnimmst du eine Bodenprobe
aus dem Bereich, in dem du deinen Salat anpflanzen möchtest.

Für zu sauren Boden (niedriger pH-Wert) kannst du Kalk oder
Dolomitkalk hinzufügen, um den Boden zu neutralisieren und
den pH-Wert zu erhöhen. Bei zu alkalischem Boden (hoher pH-
Wert) können Schwefel oder saurer Dünger wie Ammonium-
sulfat helfen, den Boden saurer zu machen.

So testest du eine Bodenanalyse für den richtigen Dünger

Wenn du mutig genug bist, kannst du auch den pH-Wert deines Bodens testen. Dafür brauchst du einen pH-Testkit aus dem Gartenladen. Folge einfach den Anweisungen auf der Verpackung, um den pH-Wert deines Bodens zu bestimmen. Mit diesen DIY-Bodenanalysen kannst du herausfinden, was dein Boden so draufhat und welche Nährstoffe deine Pflanzen benötigen. Also schnapp dir deine Schaufel und mach dich auf die spannende Reise, deinen Boden zu erkunden!

Nährstoffreicher Dünger – Die Geheimwaffe für üppigen Salatgenuss

Organischer Dünger: Dieser Dünger ist wie das Superfood für deine Pflanzen. Er besteht aus natürlichen Materialien wie Kompost, Mist oder pflanzlichen Rückständen. Organischer Dünger versorgt deine Pflanzen mit einer Vielzahl von Nährstoffen auf sanfte Weise und verbessert gleichzeitig die Bodenstruktur.

Flüssiger Dünger: Dieser Dünger ist wie die Limonade für deine Pflanzen! Er kommt in flüssiger Form und wird mit Wasser verdünnt und dann über die Pflanzen gegossen. Flüssiger Dünger ist schnell wirksam und eine praktische Option für diejenigen, die eine schnelle Nährstoffzufuhr benötigen.

Mineraldünger: Dieser Dünger wird oft in Form von Granulat oder Pulver angeboten und enthält eine präzise Mischung von Mineralien und Nährstoffen. Mineraldünger liefert schnell verfügbare Nährstoffe, aber sei vorsichtig, nicht zu viel zu verwenden, da Überdüngung schädlich sein kann.

Langzeitdünger: Diese Art von Dünger gibt langsam und kontinuierlich Nährstoffe an den Boden ab. Sie werden oft in Form von Stäbchen oder Pellets angeboten und sind eine großartige Option für faule Gärtner, die nicht ständig düngen möchten.

Blattdünger: Dieser Dünger wird direkt auf die Blätter der Pflanzen gesprüht und absorbiert schnell Nährstoffe. Blattdünger ist ideal, um Mangelerscheinungen schnell zu beheben und das Wachstum zu fördern.

Kompost: Dies ist eine natürliche und kostengünstige Art von Dünger, der aus organischen Abfällen wie Gemüseresten, Laub und Grünschnitt hergestellt wird. Kompost verbessert die Bodenstruktur, fördert das Bodenleben und liefert langsam freigesetzte Nährstoffe.

Algenextrakte: Diese natürlichen Dünger werden aus Meeresalgen gewonnen und enthalten eine Vielzahl von Mineralien und Spurenelementen. Algenextrakte fördern das Wachstum, stärken die Pflanzen gegen Krankheiten und verbessern die Bodenstruktur.

Harnstoff: Dies ist ein Stickstoffdünger, der schnell von den Pflanzen aufgenommen wird und das Wachstum fördert. Harnstoff wird oft als Zusatz zu anderen Düngemitteln verwendet, um den Stickstoffgehalt im Boden zu erhöhen.

Torf: Torf wird häufig als Bestandteil von Blumenerden und Substraten verwendet, um die Bodenstruktur zu verbessern und Wasser zu speichern. Es enthält jedoch nur wenige Nährstoffe und wird daher oft mit anderen Düngemitteln kombiniert.

Hornspäne und Knochenmehl: Diese organischen Dünger sind reich an Stickstoff und Phosphor, zwei wichtigen Nährstoffen für das Wachstum von Pflanzen. Sie werden oft verwendet, um das Wurzelwachstum zu fördern und die Blütenbildung zu unterstützen.

Hornspäne und Knochenmehl sind auch für Salate geeignet. Diese organischen Dünger sind reich an Stickstoff und Phosphor, die beide wichtige Nährstoffe für das gesunde Wachstum von Pflanzen sind. Stickstoff fördert das Blattwachstum und die grüne Farbe der Blätter, während Phosphor wichtig für die Entwicklung von Wurzeln und Blüten ist. Durch die Verwendung von Hornspänen und Knochenmehl können Salatpflanzen gut versorgt werden, um kräftige Blätter zu produzieren und eine gute Ernte zu erzielen. Es ist wichtig, die Anwendungsempfehlungen auf der Verpackung zu beachten, um eine Überdüngung zu vermeiden.

Düngung von Salatpflanzen

Hier sind ein paar Tipps, wie du deine Salatpflanzen glücklich und gesund hältst.

Organische Dünger sind super für Salat. Sie liefern langsam freisetzende Nährstoffe und verbessern die Bodenstruktur. Also, hol dir etwas Kompost, verrotteten Mist oder Fischemulsion und gib deinen Pflanzen eine ordentliche Portion davon.

Wenn du lieber Mineraldünger verwendest, achte darauf, einen ausgewogenen Dünger mit einem Verhältnis von NPK (Stickstoff, Phosphor, Kalium) von etwa 10-10-10 zu wählen. So bekommen deine Pflanzen alles, was sie brauchen, um groß und stark zu werden.

Weniger ist manchmal mehr, besonders wenn es um Dünger geht. Salat braucht nicht viel davon. Zu viel Dünger kann zu übermäßigem Blattwachstum und einem bitteren Geschmack führen. Also sei sparsam damit und folge den Anweisungen auf der Düngemittelpackung.

Denke daran, deine Salatpflanzen während des Anbaus regelmäßig zu düngen, aber nicht alles auf einmal. Beginne etwa zwei Wochen nach dem Pflanzen und wiederhole die Düngung alle 4-6 Wochen. So bleiben deine Pflanzen glücklich und gesund.

Düngung von Blattgemüse

Salat liebt Stickstoff, besonders für das Blattwachstum. Also, wähle einen Dünger, der genug davon enthält. Eine gute Pflege des pH-Werts und die richtige Düngung sind entscheidend für das Wachstum und die Qualität deiner Salatpflanzen.

Schattenliebende Sorten

Hey, wenn dein Garten mehr Schatten als Sonne hat, keine Sorge! Es gibt immer noch viele Salatsorten, die damit klarkommen. Hier sind ein paar Schattenliebhaber:

- Feldsalat: Diese Sorte gedeiht gut im Halbschatten und hat zarte, leicht nussige Blätter.
- Rucola: Ein echter Kämpfer, der auch in Teilschatten gut wächst und würzige Blätter liefert.

- Spinat: Reich an Eisen und anderen Nährstoffen, perfekt für schattige Bereiche.
- Endivie: Krause und leicht bittere Blätter, ideal für Salate in schattigen Gegenden.
- Römersalat: Lange, knackige Blätter, die sich perfekt für Caesar-Salate eignen.
- Löwenzahn: Wilde und essbare Pflanze, deren junge Blätter großartig in Salaten schmecken.
- Portulak: Saftig und leicht säuerlich im Geschmack, eine gute Wahl für teilweise schattige Bereiche.

Also keine Sorge, wenn dein Garten mehr Schatten als Sonne bekommt. Diese Salatsorten werden trotzdem gedeihen und dir köstliche Salate bescheren!

Sonneneinstrahlung und Schatten

Die Sonneneinstrahlung ist ein weiterer wichtiger Faktor für den erfolgreichen Salatanbau.

Sonneneinstrahlung

Salatpflanzen lieben es, wenn sie mindestens 6 Stunden direktes Sonnenlicht pro Tag abbekommen. Such dir also einen Standort in deinem Garten oder auf deinem Balkon, der diesem Bedürfnis gerecht wird.

Morgensonne

Die Morgensonne ist wie eine sanfte Umarmung für deine Pflanzen – weniger intensiv und angenehm. Besonders in Regionen mit intensiver Sommersonne ist es eine gute Idee, einen Standort zu wählen, der morgens sonnig ist und nachmittags etwas Schatten bietet.

Leichte Beschattung

In heißen Klimazonen kann eine leichte Beschattung am Nachmittag deine Salatpflanzen vor übermäßiger Hitze und Sonnenbrand schützen. Das kannst du zum Beispiel erreichen, indem du höhere Pflanzen wie Tomaten in der Nähe setzt oder Schattennetze aufstellst.

Teilschatten

Salat gedeiht auch in teilweise schattigen Bereichen gut, besonders wenn es im Sommer richtig heiß wird. Such dir also Orte aus, die am Nachmittag vor der sengenden Mittagssonne geschützt sind.

Denk daran, dass die Sonnenlichtanforderungen für Salat je nach Jahreszeit variieren können. Während er im Frühling und Herbst vielleicht mehr Licht verträgt, ist im Hochsommer etwas Schatten möglicherweise angenehmer für deine Grünlinge.

Aussaat und Pflanzung

Bevor wir uns Hals über Kopf in den Salatanbau stürzen, sollten wir uns einen Moment Zeit nehmen, um den optimalen Zeitpunkt für unsere Salataussaat zu wählen. Salat ist ja bekanntlich eine robuste Pflanze und fühlt sich besonders wohl bei kühlerem Wetter. Das bedeutet, dass du, je nach Sorte, entweder im Frühling oder im Herbst säen kannst. Und weißt du was? In Regionen mit milden Wintern kannst du sogar im Winter Salat anbauen! Ja, du hast richtig gehört, auch wenn draußen die Temperaturen sinken, kannst du dir immer noch frisches Grün auf deinen Teller holen.

Jetzt, da wir den perfekten Zeitpunkt gefunden haben, lass uns über die beiden Hauptmethoden sprechen, wie du deinen Salat zum Sprießen bringen kannst: Direktsaat ins Freiland oder das Vorziehen von Sämlingen in Töpfen.

Wenn du dich für die Direktsaat im Freiland entscheidest, bist du definitiv nicht allein! Diese Methode ist super beliebt, besonders in Regionen mit mildem Klima oder während der Hauptanbausaison. Hier ist der Plan: Du schnappst dir deine Samen und legst sie gemäß den Angaben auf der Saatgutverpackung in Reihen oder gleichmäßig verteilt auf deinem Beet aus. Dann bedeckst du sie leicht mit Erde und drückst sie sanft an. Während der Keimungsphase ist es wichtig, den Boden schön feucht zu halten.

Nun, wann ist der beste Zeitpunkt für diese Aktion? Das hängt von der Salatsorte und deinem regionalen Klima ab. Im Frühling, sobald der Boden bearbeitbar ist und Frost keine Bedrohung mehr darstellt, kannst du loslegen. Im Herbst solltest du etwa sechs bis acht Wochen vor dem erwarteten Frostbeginn säen.

Wenn du deine Reihen oder Löcher gegraben hast (mit einem Abstand von etwa 30 cm zwischen den Reihen), verteilst du die Samen entweder gleichmäßig von Hand oder platzierst sie in einem Abstand von etwa 2-3 cm voneinander. Dann heißt es wieder: leicht bedecken, sanft andrücken und abwarten.

Sobald die Sämlinge auftauchen, musst du ein wenig ausdünnen, damit die stärkeren Pflanzen genug Platz zum Wachsen haben. Und vergiss nicht, deinen Salatbabys regelmäßig Wasser zu geben, besonders während trockener Phasen. Mulch um die Pflanzen herum hilft dabei, die Feuchtigkeit zu bewahren, Unkraut zu bekämpfen und die Bodentemperatur stabil zu halten. Und zu guter Letzt: Sobald die Blätter groß genug sind, kannst du anfangen zu ernten und deinen eigenen frischen Salat zu genießen. Klingt doch nach einem Plan, oder?

Wann ist der richtige Zeitpunkt zum Pflanzen?

Okay, jetzt, wo deine kleinen Salatpflänzchen groß genug sind und vor Gesundheit nur so strahlen, ist es Zeit, sie ins Freiland zu pflanzen. Aber wann genau ist der richtige Zeitpunkt dafür?

Nun, das hängt davon ab, wie du deine Pflanzen großgezogen hast. Wenn du sie aus Töpfen vorziehst, ist der Zeitpunkt, sie ins Freiland zu verpflanzen, wenn sie eine Höhe von etwa 5-7 cm erreicht haben. Das ist normalerweise etwa 2-4 Wochen nach dem Keimen.

Bevor du sie jedoch in die Erde steckst, musst du sicherstellen, dass du den richtigen Platz wählst. Achte darauf, dass genug Sonnenlicht vorhanden ist und der Boden gut vorbereitet ist, um das Wachstum zu fördern. Grab ein Loch groß genug, um die Wurzeln deiner Pflanzen aufzunehmen, und setze sie dann auf die gleiche Tiefe, in der sie zuvor in ihren Töpfen gewachsen sind.

Und hey, vergiss nicht den empfohlenen Pflanzabstand zwischen den Salatpflanzen! Sie brauchen Platz zum Gedeihen. Nachdem du sie eingepflanzt hast, gib ihnen einen großzügigen Schluck Wasser, damit sie sich gut etablieren können. Um die Feuchtigkeit zu bewahren und lästiges Unkraut fernzuhalten, kannst du eine Schicht Mulch um deine Pflanzen herum legen.

Mit ein wenig Liebe und Fürsorge werden deine Salatpflanzen bald bereit sein, dir eine reiche Ernte von frischem und gesundem Salat zu schenken. Es ist doch immer wieder schön zu sehen, wie die Arbeit im Garten Früchte trägt, oder?

Das zum Vorziehen von Sämlingen

Okay, wenn du dich nicht ganz sicher fühlst, deine Salatsamen direkt ins Freiland zu pflanzen, keine Sorge! Es gibt einen anderen Weg, und zwar das Vorziehen von Sämlingen in Töpfen oder Samenschalen. Das ist sozusagen wie eine Sicherheitsmaßnahme gegen unerwartete Frostperioden.

Also, wie geht das genau vor sich? Ganz einfach! Du nimmst deine Salatsamen und legst sie in Töpfe oder Samenschalen. Dann gibst du ihnen ein gemütliches Zuhause, um dort zu keimen und zu wachsen, bis sie stark genug sind, um ins Freie zu ziehen.

Natürlich ist auch hier der empfohlene Pflanzabstand wichtig, damit deine kleinen Sämlinge genug Platz zum Gedeihen haben. Je nach Salatsorte solltest du etwa zwischen 15 und 30 Zentimetern Abstand einhalten.

Diese Methode ist wirklich praktisch und gibt dir ein bisschen mehr Kontrolle über den Prozess. Und hey, wer mag nicht die Vorstellung, kleine Salatbabys in Töpfen großzuziehen? Es ist fast wie eine kleine Gärtnerei in deinem eigenen Zuhause!

Die Indoor-Vorkultur

Ah, die Indoor-Vorkultur – eine echte Geheimwaffe für alle Hobbygärtner da draußen!

Also, was genau ist das? Ganz einfach: Es geht darum, deine Pflanzen oder Samen drinnen vorzuziehen, bevor du sie nach draußen in deinen Garten oder in den Freiland verpflanzt. Das ist besonders nützlich, wenn du in Regionen mit kurzen Anbausaisons oder unberechenbarem Wetter lebst.

Hier ist der Deal: Du schnappst dir deine Samen und gibst ihnen ein gemütliches Zuhause drinnen – sei es in einem Gewächshaus, einem Zimmer oder auf einem sonnigen Fensterbrett. Dort können sie in Töpfen, Schalen oder anderen geeigneten Behältern in spezieller Anzuchterde heranwachsen, während du die Licht- und Temperaturbedingungen kontrollierst.

Das Beste daran? Diese Methode gibt deinen Pflanzen einen frühen Start und erhöht die Chancen auf eine erfolgreiche Ernte. Und das Schöne ist, dass du nicht nur Salat, sondern auch eine Vielzahl anderer Pflanzenarten, von Gemüse über Blumen bis hin zu Kräutern, auf diese Weise vorziehen kannst. Klingt doch interessant, oder?

Zeitpunkt der Indoor-Vorkultur

Klar, wenn du dich für die Indoor-Vorkultur entscheidest, ist Timing alles! Plane etwa 4-6 Wochen vor dem geplanten Pflanztermin im Freiland ein. Aber hey, vergiss nicht, dass der genaue Zeitpunkt von der Sorte abhängt, die du anbauen möchtest.

Ein kleiner Insider-Tipp: Schau dir die Anweisungen auf der Saatgutverpackung an, dort findest du oft spezifische Empfehlungen zum Zeitpunkt der Vorkultur. Das macht das Ganze wirklich zum Kinderspiel!

Saatgut und Pflanzgefäße

Saatgut ist der Schlüssel zu einer erfolgreichen Ernte! Wenn du auf dem Weg zu einem grünen Daumen bist, dann ist die Auswahl hochwertiger Samen der erste Schritt zur Vollendung. Mit den richtigen Samen legst du das Fundament für eine üppige Ernte, die deinen Salatgenuss das ganze Jahr über bereichern wird.

Für den Start in die Indoor-Vorkultur brauchst du das richtige Werkzeug. Flache Pflanzgefäße, Samenschalen oder Einzeltöpfe sind deine Begleiter auf dem Weg zum grünen Erfolg. Achte darauf, sie mit Bedacht auszuwählen, denn hier wird dein Salat für eine Weile zu Hause sein. Wähle Gefäße mit gut durchlässiger Blumenerde, denn diese bietet deinen jungen Pflanzen den Raum und die Nährstoffe, die sie brauchen, um groß und stark zu werden.

Und für die ganz ehrgeizigen Gärtner unter uns gibt es sogar spezielle Anzuchtplatten oder -tabletten, die das Keimen und Wachsen der Samen zum Kinderspiel machen. Diese kleinen Helferlein sind wie der Schlüssel zum Erfolg im Salatgarten. Vergiss nicht, deine Samen mit Liebe und Sorgfalt auszuwählen und zu behandeln. Mit hochwertigem Saatgut und der richtigen Pflege von Anfang an legst du den Grundstein für eine exquisite Salaternte, die deine Geschmacksknospen verwöhnen wird.

Die Aussaat

Sobald du deine Pflanzgefäße bereit hast, ist es Zeit, sie mit Erde zu füllen und leicht zu befeuchten. Die Erde sollte feucht, aber nicht durchnässt sein, um die ideale Umgebung für die zarten Wurzeln der Samen zu schaffen, damit sie sich entfalten und wachsen können.

Jetzt platzierst du die Salatsamen auf der feuchten Erdoberfläche. Drücke sie leicht an, aber achte darauf, dass sie nicht vollständig von Erde bedeckt sind. Da Salatsamen Lichtkeimer sind, brauchen sie das Sonnenlicht, um ihren Weg ans Tageslicht zu finden. Als Nächstes bedeckst du die Samen vorsichtig mit einer dünnen Schicht Blumenerde oder Vermiculit. (Vermiculit ist ein Mineral, das Feuchtigkeit gut speichert und die Samen schützt, ohne sie zu ersticken).

Vergiss nicht, deine Pflanzgefäße zu beschriften. Notiere den Namen der Sorte und das Aussaatdatum. Diese kleinen Details werden dir helfen, den Überblick über deine zukünftige Salaternte zu behalten und sicherzustellen, dass du deine Pracht rechtzeitig ernten kannst.

Licht und Temperatur

Ein weiterer wichtiger Faktor auf deiner Reise zum erfolgreichen Salatanbau ist die richtige Lichtversorgung und Temperaturkontrolle. Salatsamen haben ganz besondere Bedürfnisse, wenn es um diese beiden Aspekte geht.

Beginnen wir mit dem Licht. Salatsamen sind regelrecht auf Helligkeit angewiesen, um zu keimen und zu wachsen. Damit deine kleinen Keimlinge die bestmögliche Startchance erhalten, solltest du deine Pflanzgefäße an einen sonnigen Fensterplatz stellen. Falls dir diese Möglichkeit fehlt, kannst du auch künstliche Pflanzenlampen nutzen, um deinen Samen eine ausreichende Lichtquelle zu bieten. Hierbei ist es wichtig, die Intensität und Dauer des Lichts im Auge zu behalten, um die Bedürfnisse deiner zarten Sämlinge zu erfüllen.

Nun zur Temperatur. Während des Keimprozesses ist es entscheidend, dass die Raumtemperatur zwischen 18°C und 24°C liegt. In diesem Temperaturbereich fühlen sich Salatsamen am wohlsten und keimen am besten. Achte daher darauf, dass deine Keimlinge die ideale Umgebungstemperatur erhalten, um kräftig zu sprießen.

Pflege der Sämlinge

Wenn es um die Pflege deiner Sämlinge geht, gibt es ein paar coole Tipps, die du beachten solltest, um ihr Wachstum optimal zu unterstützen. Halte den Boden konstant feucht, aber lass ihn nicht komplett durchtränkt sein. Eine ausgewogene Feuchtigkeit ist der Schlüssel, damit deine kleinen Pflänzchen sich prächtig entwickeln können.

Außerdem ist es eine gute Idee, alle zwei Wochen eine sanfte Portion ausgewogenen Flüssigdünger zu verwenden. Das gibt deinen Sämlingen den nötigen Nährstoffboost und legt den Grundstein für ihr zukünftiges Wachstum.

Ein weiterer wichtiger Aspekt ist der Platz. Gib deinen Sämlingen genug Raum, damit sie sich frei entfalten können. Wenn sie zu dicht beieinander stehen, scheue dich nicht, die schwächeren Pflanzen vorsichtig zu entfernen, damit die stärkeren genug Platz und Ressourcen haben. So schaffst du die besten Bedingungen für ein gesundes und kräftiges Wachstum!

Ausdünnung und Härtung

Sobald deine zarten Sämlinge eine ansehnliche Höhe von 5-7 Zentimetern erreicht haben und mindestens zwei echte Blätter entwickelt haben, ist es Zeit für eine behutsame Ausdünnung. Das bedeutet einfach, dass du ein paar der Pflänzchen entfernst, um den empfohlenen Pflanzabstand einzuhalten und den anderen genug Platz zum Wachsen zu geben.

Ein weiterer wichtiger Schritt, um deine Salaternte fit für das Leben im Freien zu machen, ist die Härtung. Etwa eine Woche bevor du planst, deine Sämlinge ins Freiland zu setzen, solltest du sie langsam an die harten Bedingungen außerhalb deines geschützten Innenraums gewöhnen. Das heißt, du bringst sie schrittweise nach draußen und lässt sie dort allmählich länger in der Sonne und im Wind verweilen. Diese Anpassung, die als "Härtung" bekannt ist, ist echt wichtig, damit deine zarten Pflänzchen stark genug sind für ihr Leben im Freien.

Transplantation ins Freiland

Jetzt ist der perfekte Zeitpunkt gekommen, um deine liebevoll vorbereiteten Salatpflanzen in die große weite Welt des Gartens zu entlassen. Setze deine Sämlinge behutsam in den Gartenboden und halte dabei den empfohlenen Pflanzabstand ein. Achte auch darauf, dass der Boden von guter Qualität ist, damit deine Pflanzen die besten Bedingungen haben.

Sei sanft zu deinen kleinen Pflänzchen, um mögliche Wurzelschäden zu vermeiden. Dieser Übergang von der geschützten Indoor-Umgebung in die Weite des Freilands ist entscheidend für den Erfolg deiner Salaternte.

Die Indoor-Vorkultur hat dir einen wertvollen Vorsprung in der Saison verschafft und die Aussicht auf eine reiche Ernte erhöht. Mit deiner liebevollen Pflege und der Beachtung der richtigen Bedingungen kannst du kräftige, gesunde Salatpflanzen heranziehen und frische Blätter ernten, noch bevor die Freilandsaison richtig Fahrt aufnimmt.

Ein kleiner Gärtner Tipp

Hier ein kleiner Tipp für euch: Damit eure Salatparty nie endet und ihr immer frisches Grün auf dem Teller habt, ist es schlau, die Samen nicht alle auf einmal auszusäen. Stell dir vor, deine Salatbabys wären wie Partygäste – es ist besser, wenn nicht alle gleichzeitig ankommen, oder?

Also, anstatt eine große Samen-Sause zu veranstalten, leg lieber alle paar Wochen ein paar Samenkörner in die Erde. So habt ihr über einen längeren Zeitraum hinweg jeden Tag knackigen Salat auf dem Teller. Besonders bei Kopfsalat macht das total Sinn. Wenn der zu lange auf dem Balkon chillt, denkt er sich: "Ach, was soll's?" und schießt in die Höhe – dann ist er für den Salatteller verloren und landet im Müll.

Mit dieser coolen Taktik habt ihr immer frisches Grünzeug zur Hand und könnt eure Salatparty rund um die Uhr rocken! Und vergesst nicht, immer mal wieder ein paar neue Gäste einzuladen – äh, ich meine Samen zu säen!

Was ist Vermiculit der Alleskönner?

Vermiculit ist ein echter Alleskönner in der Welt der Garten- und Pflanzenkultivierung. Dieses vielseitige Substrat, das aus natürlichen Gesteinen wie Glimmerschiefer oder Phlogopit gewonnen wird, hat eine bemerkenswerte Eigenschaft: Wenn es erhitzt wird, bläht es sich auf, ähnlich wie Popcorn. Doch warum ist Vermiculit so wertvoll in der Gartenwelt? Hier sind einige seiner praktischen Eigenschaften.

- Zunächst einmal ist Vermiculit ein Meister im Wasserspeichern. Es kann Wasser effizient aufnehmen und speichern, was es zu einem perfekten Bestandteil macht, um die Bodenfeuchtigkeit zu regulieren. Das sorgt dafür, dass der Boden schön gleichmäßig feucht bleibt, was für viele Pflanzen von entscheidender Bedeutung ist.
- Außerdem verbessert Vermiculit die Bodendrainage erheblich. Dank seiner einzigartigen Struktur kann überschüssiges Wasser problemlos abfließen und verhindert so Staunässe. Gleichzeitig sorgt es für eine gute Belüftung der Wurzeln und verhindert, dass der Boden zu fest wird, was für gesundes Pflanzenwachstum unerlässlich ist.
- Ein weiterer Pluspunkt von Vermiculit ist sein geringes Gewicht. Das erleichtert das Umpflanzen von Pflanzen und das Handhaben von Töpfen und Substraten erheblich.

Vermiculit ist in verschiedenen Größen und Qualitäten erhältlich, je nach Verwendungszweck. Oft wird es in Kombination mit anderen Materialien wie Perlite, Torfmoos und Kompost verwendet, um optimale Wachstumsbedingungen für Pflanzen zu schaffen. So trägt Vermiculit dazu bei, dass Ihre grünen Schützlinge gedeihen und florieren.

Die Bodenpflege ist ein echtes Muss

Die Bodenpflege ist bei Salatpflanzen ein echtes Muss und sollte nicht unterschätzt werden. Ein wichtiger Schritt ist es, Unkraut fernzuhalten, da es den Salatpflanzen kostbare Feuchtigkeit und Nährstoffe entziehen kann. Eine praktische Lösung dafür ist das Aufbringen einer Mulchschicht um die Pflanzen herum, die das lästige Unkraut in Schach hält. Um den Boden mit wichtigen Nährstoffen zu versorgen und seine Struktur zu verbessern, ist es ratsam, eine dünn aufgetragene Schicht Kompost oder verrotteten Mist hinzuzufügen.

Obwohl Salat nicht allzu anspruchsvoll in Bezug auf Düngung ist, ist es dennoch wichtig sicherzustellen, dass der Boden genügend Nährstoffe enthält. Verwende einen ausgewogenen, organischen Dünger oder einen speziellen Salatdünger. Diesen solltest du etwa alle 4-6 Wochen anwenden oder gemäß den Anweisungen auf der Düngemittelpackung. So kannst du sicherstellen, dass deine Salatpflanzen alles bekommen, was sie brauchen, um kräftig zu wachsen und eine reiche Ernte zu liefern.

Richtige Bewässerungstechniken

Die Pflege und Bewässerung deiner Salatpflanzen sind echt wichtig, um gesunde Pflanzen zu bekommen und eine richtig gute Ernte einzufahren.

Weißt du, wann der beste Zeitpunkt zum Gießen deiner Salatpflanzen ist?

Frühmorgens oder spätabends! Das reduziert die Verdunstung und vermindert das Risiko von Blattkrankheiten, weil die Blätter in der Sonne trocknen können.

Wie oft du gießen solltest, hängt von ein paar Sachen ab. Wie dem Wetter, dem Bodentyp und wie groß deine Pflanzen sind. Aber im Großen und Ganzen ist es besser, weniger, aber dafür gründlich zu gießen. Versuch, häufiges, oberflächliches Gießen zu vermeiden, weil die Wurzeln flach wachsen.

Es ist echt wichtig, den Boden tief genug zu gießen, damit das Wasser auch wirklich zu den Wurzeln gelangt. So etwa 15-20 cm tief. Dadurch werden die Wurzeln dazu ermutigt, tiefer zu wachsen, was den Pflanzen in trockenen Zeiten echt zugutekommt.

Und weißt du, wie du deine Salatpflanzen richtig gießen kannst? Gieß direkt an die Wurzel, um das Risiko von Pilzinfektionen zu minimieren. Und sprüh das Wasser nicht auf die Blätter, das könnte Probleme machen.

Benutze eine Gießkanne mit einer feinen Brause oder einen Gartenschlauch mit Sprühdüse, um das Wasser sanft auf den Boden zu verteilen. Das hilft, dass der Boden nicht zu fest wird. Check regelmäßig, ob der Boden noch genug Feuchtigkeit hat, indem du so etwa 2-5 cm tief in den Boden greifst. Wenn der Boden trocken ist, ist es Zeit zu gießen.

Und hier kommt noch 'n cooler Trick: Leg 'ne Mulchschicht um deine Salatpflanzen, um die Feuchtigkeit im Boden zu halten und weniger oft gießen zu müssen. Eine regelmäßige Bewässerung ist vor allem bei heißem und trockenem Wetter wichtig, damit die Salatpflanzen gleichmäßig wachsen können.

Wenn's geht, verwende Regenwasser zum Gießen. Das ist frei von Chemikalien und hat meistens genau die richtige Temperatur für die Pflanzen.

Achte darauf, deine Bewässerungstechniken den Bedürfnissen deiner Salatpflanzen anzupassen. Vor allem während der Keimung und bei heißem Wetter. In solchen Phasen brauchen sie vielleicht öfter Wasser, um richtig zu gedeihen. Die richtige Bewässerung ist echt ein Schlüsselfaktor für 'ne tolle Ernte!

Das Mulchen

Beim Mulchen deiner Salatpflanzen gibt's ein paar coole Tricks, um ihre Gesundheit zu pushen und gleichzeitig deinen Gartenpflege-Aufwand zu reduzieren.

Hey, weißt du, welche Mulchmaterialien echt super sind? Organische Sachen wie Stroh, Laubmulch, verrotteter Kompost oder Grasschnitt sind top! Die sind nicht nur gut für den Boden, sondern zersetzen sich auch langsam und machen den Boden richtig schön.

Aber sei geduldig und warte 'ne Weile, bis der Boden richtig warm ist, bevor du mulchst. In den ersten Wochen nach dem Aussäen oder Pflanzen ist es oft besser, den Boden mulchfrei zu lassen. Das hilft dem Boden, sich schneller aufzuwärmen, und gibt den kleinen Keimlingen eine bessere Chance.

Wenn der richtige Zeitpunkt da ist, leg 'ne ordentliche Mulchschicht von etwa 5-10 cm um deine Salatpflanzen herum. Aber achte darauf, die Pflanzen selbst nicht zu bedecken und lass genug Platz um die Stängel, damit sie in Ruhe wachsen können. Vergiss nicht, die Mulchschicht ab und zu zu erneuern, denn Mulch kann sich zersetzen oder fest werden. Mit einer frischen Mulchschicht kannst du weiter von den Vorteilen profitieren.

Mulchen ist easy und eine echt effektive Methode, um die Gesundheit deiner Salatpflanzen zu boosten. Das macht den Boden stabil und sorgt für 'ne fette Ernte von frischem und leckerem Salat. Genieß die köstlichen Ergebnisse deiner Mühe!

Vorteile des Mulchens

Mulchen ist echt ein echtes Multitalent beim Anbau von Salat und anderem Gemüse. Wenn du 'ne Mulchschicht um deine Salatpflanzen legst, profitierst du von jeder Menge Vorteile.

Check das: Mulch ist mega wichtig, um die Bodenfeuchtigkeit zu halten, weil es die Verdunstung reduziert. Das ist besonders krass in trockenen Perioden oder in Gebieten mit wenig Regen. Und hey, 'ne Mulchschicht hält auch das Unkraut in Schach, indem sie das Licht blockiert und verhindert, dass unerwünschte Pflanzen sprießen. Das macht die Unkrautbekämpfung viel einfacher, und deine Salatpflanzen können sich in Ruhe um Wasser und Nährstoffe kümmern. Außerdem sorgt Mulch für stabile Bodentemperaturen. Im Sommer schützt er vor zu viel Hitze, im Winter hält er den Boden warm. Und Bonus: Mulch hält den Boden vor Erosion geschützt, indem er verhindert, dass Regentropfen den Boden verdichten oder wegspülen.

Und weißt du was noch cool ist? Mit der Zeit zersetzt sich Mulch und gibt wertvolle Nährstoffe an den Boden ab. Das macht 'ne super nährstoffreiche Umgebung für deine Pflanzen. Insgesamt ist Mulchen eine mega praktische Sache, die nicht nur die Gesundheit deiner Salatpflanzen pusht, sondern auch deine ganze Gemüsebeet-Pflege und Ausbeute verbessert. Mega, oder?

Schädlinge und Krankheiten

Check deine Salatpflanzen regelmäßig auf verdächtige Aktivitäten von Schädlingen wie Blattläusen, Schnecken oder Raupen. Wenn du solche Störenfriede entdeckst, dann ist schnelles Handeln angesagt, um deine grünen Babys zu schützen.

Halte auch die Augen offen für Anzeichen von Krankheiten wie Mehltau oder Fäulnis. Wenn du sowas siehst, dann zögere nicht lange. Entferne die infizierten Teile deiner Pflanzen sofort, und wenn's hart auf hart kommt, kannst du auch auf organische Fungizide zurückgreifen.

Natürliche Abwehrmethoden von Schädlingen

Die Absicherung deiner Salatpflanzen gegen Schädlinge und Krankheiten ist mega wichtig, um 'ne fette Ernte einzufahren. Check mal, eine kluge Fruchtfolge und Rotation sind dabei der Schlüssel.

Lass den Salat nicht jedes Jahr am gleichen Fleck wachsen. Verfrachte ihn lieber hierhin und dorthin im Garten, damit sich keine fiesen Bodenkrankheiten und spezialisierte Schädlinge ansiedeln können. Schon bei der Auswahl der Salatsorten kannst du auf Resistenz gegen bestimmte Schädlinge und Krankheiten achten. Check am besten schon beim Kauf von Saatgut oder Setzlingen, was die so draufhaben.

Ein weiterer Move für die Schädlings- und Krankheitsprävention ist ein gesunder Boden. Pass auf, dass dein Boden top ist, regulier den pH-Wert und misch organische Materialien wie Kompost darunter. Ein gesunder Boden macht deine Salatpflanzen widerstandsfähiger gegen Krankheiten. Natürliche Methoden zur Bekämpfung von Schädlingen und Krankheiten sind wirklich äußerst effektiv.

Kein Stress mit chemischen Pestiziden! Check deine Salatpflanzen regelmäßig auf Schädlinge oder Krankheiten oder Fäulnis, um das Schlimmste zu verhindern.

Setz auf mechanische Bekämpfung, wie zum Beispiel Netze oder Abdeckungen. Auch das Einsammeln von Schädlingen mit der Hand, vor allem bei größeren wie Schnecken, kann echt helfen. So bleibst du immer auf dem Laufenden, wer sich da so in deinem Salatbeet rumtreibt.

Hilf der Natur, indem du nützliche Insekten und Vögel in deinem Garten unterstützt. Pflanz jede Menge Blumen an, um sie anzulocken. Ringelblumen, Lavendel oder Borretsch sind da echt beliebt bei den Helfern. Die ziehen nützliche Insekten wie

Marienkäfer, Florfliegen und Schwebfliegen an, die sich dann über Blattläuse und Co. hermachen. Auch das Aussetzen von Schlupfwespen kann echt eine krasse Strategie sein.

Und halte die lästigen Viecher fern, indem du Knoblauch und Zwiebeln in der Nähe deiner Salatbeete pflanzt. Die mögen den Geruch nämlich gar nicht und bleiben dann hoffentlich weg.

- Wenn du immer noch Probleme mit Schnecken hast, probier's mal mit Kupferbändern oder -spulen. Die setzen einen elektrischen Schlag und halten die Biester fern.
- Auch das Anpflanzen von Studentenblumen kann Nematoden und andere Schädlinge fernhalten. Die kleinen Fadenwürmer sind echt nervig.
- Und weißt du was? Schafwolle um deine Salatpflanzen legen kann auch echt helfen. Die Schnecken mögen die Textur überhaupt nicht und bleiben dann hoffentlich fern.
- Und Kaffeesatz streuen schreckt auch Schnecken ab.

Mit diesen natürlichen Abwehrmethoden kannst du deine Salatpflanzen vor Schädlingen und Krankheiten schützen, ohne die Umwelt zu belasten. So kannst du deine gesunde und leckere Ernte in deinem Garten genießen. Und falls doch mal eine Situation außer Kontrolle gerät, kannst du immer noch organische Insektizide oder Fungizide einsetzen, aber halt sparsam, um nützliche Organismen zu schonen.

Und am Ende des Tages: Halte deine neuen Pflanzen frei von Schädlingen und Krankheiten und achte auf Hygiene. Reinige deine Gartenwerkzeuge regelmäßig, um Krankheiten und Schädlinge fernzuhalten, die daran haften können. Mit diesen Tipps bleibst du auf der sicheren Seite und deine Salatpflanzen können in Ruhe wachsen und gedeihen.

Die Ernte

Die Ernte deines Salats ist der krönende Abschluss deiner Mühen. Sobald die Blätter groß genug sind, schnapp dir behutsam die äußeren Blätter und lass die inneren Blätter heil, damit die Pflanze weiter wachsen kann. Wenn du das regelmäßig machst, kannst du über einen längeren Zeitraum Salat ernten.

Egal, ob es um Bodenpflege, Schädlingsbekämpfung, Krankheiten oder die Ernte geht, achte während der gesamten Wachstumsperiode auf das Wohlergehen deiner Salatpflanzen. Je besser du für sie sorgst, desto gesünder und ertragreicher wird deine Ernte sein.

Mit der richtigen Pflege und Bewässerung kannst du gesunde und leckere Salate aus deinem eigenen Garten genießen. Du hast die volle Kontrolle über deine Ernte, also leg los und ernte die Früchte deiner Arbeit!

Anbautechniken für Fortgeschrittene

Hey, wenn du dein Salatgärtnern auf ein neues Level heben möchtest und mehr Salat in besserer Qualität ernten möchtest, dann könnten diese Anbautechniken genau das Richtige für dich sein!

Die Hydroponik

Ein echt spannender Weg, um Salat anzubauen, ist die Hydroponik. Dabei wachsen die Pflanzen nicht in Erde, sondern in einem speziellen Wasser, das voller Nährstoffe steckt. Das Coole daran? Du hast die volle Kontrolle über die Nährstoffe, das Wasser und die Umgebung, in der deine Pflanzen wachsen. Das bedeutet: Die Pflanzen wachsen schneller und du kannst mehr ernten!

Aquaponik

Hast du schon mal von Aquaponik gehört? Das ist echt super!
Dabei geht es darum, Fische zu züchten und gleichzeitig Pflanzen anzubauen. Die Sache ist die: Die Ausscheidungen der Fische werden zu Dünger für die Pflanzen. Gleichzeitig reinigen
die Pflanzen das Wasser, in dem die Fische schwimmen. Das ist
nicht nur super nachhaltig, sondern auch total ressourceneffi-
zient!

Vertikaler Anbau

Kennst du schon den vertikalen Anbau? Das ist echt spannend! Dabei stapelst du Pflanzen in vertikalen Strukturen, um den begrenzten Platz richtig auszunutzen und mehr Ertrag pro Quadratmeter zu bekommen. Das ist total clever, oder?

Gewächshäuser und Hochbeete

Und Gewächshäuser? Hast du schon mal darüber nachgedacht? Die sind echt super! Sie schaffen eine total kontrollierte Umgebung für den Anbau von Salatpflanzen. Du kannst das ganze Jahr über gärtnern und bist vor verrücktem Wetter sicher. Und Hochbeete sind auch klasse! Die geben dir viel mehr Kontrolle über den Boden und wie du deine Pflanzen gießt.

Intervallanbau

Wenn du deine Ernte über einen längeren Zeitraum genießen möchtest, ist der Intervallanbau echt genau richtig. Dabei planst du deinen Salatanbau so, dass du kontinuierlich ernten kannst. Aber dafür musst du genau im Timing sein und zu verschiedenen Zeiten säen. Wenn du dann noch LED-Pflanzenleuchten nutzt, kannst du das ganze Jahr über ernten. Die Lichtspektren passen sich dabei perfekt an die Bedürfnisse deiner Pflanzen an und schaffen so beste Wachstumsbedingungen.

Moderne Technologien wie Sensoren, Überwachungssysteme und automatisierte Bewässerung sind auch total hilfreich. Damit kannst du die Bedingungen für deine Salatpflanzen genau steuern und richtig viele Erträge einfahren. Das nennt man dann Präzisionslandwirtschaft.

Es macht auch Spaß, mit neuen Sorten und Züchtungen herumzuexperimentieren. So entdeckst du vielleicht Salatsorten, die perfekt zu deinen lokalen Bedingungen passen oder total einzigartige Geschmacks- und Texturprofile haben.

Ach, und vergiss nicht, deinen Boden regelmäßig zu verbessern, zum Beispiel durch Bodenproben und Anpassungen deiner Düngemethoden. Und denk mal über saisonale Anbaumethoden nach, wie den Winter Gewächshausanbau oder den Herbstanbau für eine spätere Ernte. Ja, die verschiedenen Anbautechniken erfordern vielleicht etwas mehr Wissen und Ressourcen, aber sie können echt den Unterschied machen und deine Salaternte auf ein neues Level heben. Dann kannst du das ganze Jahr über eine bunte Auswahl an leckeren Salatsorten genießen.

Vorteile und Nachteile

Klar, der hydroponische Salatanbau ist echt spannend und hat eine Menge Vorteile. Aber hey, wie jede Technik hat auch diese ihre Nachteile. Schauen wir uns mal genauer an, was so cool daran ist und was vielleicht nicht ganz so toll ist.

Also, was ist gut dran? Na ja, die Salatpflanzen wachsen richtig schnell in hydroponischen Systemen. Die kriegen da ganz easy Zugang zu den Nährstoffen und gedeihen oft schneller als in normalem Boden. Das bedeutet, du kriegst mehr Salat pro Quadratmeter und hast höhere Erträge. Und du hast total die Kontrolle über die Nährstoffe, den pH-Wert und so weiter, was deine Pflanzen mega gesund macht. Ach ja, und weil du keinen Boden benutzt, hast du auch weniger Probleme mit Unkraut und Schädlingen.

Cool, oder? Und du kannst das Zeug das ganze Jahr über anbauen, egal, wie das Wetter ist. Und hey, hydroponische Systeme sind total wassereffizient, die brauchen meistens weniger Wasser als normale Pflanzungen, weil das Wasser recycelt wird. Und Platz sparst du auch noch, besonders wenn du wenig Platz hast oder in der Stadt wohnst.

Und hier die Nachteile

Okay, jetzt schauen wir uns mal die nicht so coolen Seiten vom hydroponischen Salatanbau an. Also, eine offensichtliche Sache ist der Preis. Das Equipment für hydroponische Systeme kann echt teuer sein, mit Pumpen, Beleuchtung und allem Drum und Dran. Das kann schon 'ne ganz schöne Investition sein.

Dann gibt's da noch die steile Lernkurve. Du musst eine Menge wissen über Nährstoffe und Umweltbedingungen, um das Ding richtig hinzubekommen. Und die Energiekosten sind auch nicht ohne, besonders wenn du drinnen anbaust. Da brauchst du ja künstliches Licht und Belüftung, was den Stromverbrauch in die Höhe treibt.

Und du bist ziemlich abhängig von Technologie. Alles hängt davon ab, dass deine Geräte funktionieren, und du musst immer ein Auge auf den pH-Wert und die Wasserqualität haben, damit deine Pflanzen gut wachsen.

Ach ja, und nicht alle Pflanzen mögen hydroponische Systeme. Die Auswahl ist da etwas begrenzt.

Und natürlich musst du das Ding richtig pflegen, damit's läuft. Verstopfungen, Krankheiten, Nährstoffprobleme. Das sind so die Sachen, auf die du achten musst.

Also, der hydroponische Salatanbau hat definitiv seine Vorteile, aber es ist auch eine echte Herausforderung. Du musst halt abwägen, ob das was für dich ist, je nach deinen Zielen und Ressourcen. Aber hey, es ist auf jeden Fall eine interessante Welt, die du da betrittst!

Das ist zu beachten
Okay, wenn du hydroponischen Salat anbauen willst, gibt's da ein paar Dinge zu beachten. Erstmal musst du das richtige System aussuchen. Es gibt verschiedene Arten, wie Nährfilmtechnik, Wickelsysteme und so weiter. Du musst schauen, was am besten zu deinen Bedürfnissen und deinem Platz passt.

- Dann kommt die Ausrüstung. Je nach System brauchst du verschiedene Sachen, wie Behälter, Pumpen, Nährstofflösungen und vielleicht auch Beleuchtung, wenn's drinnen ist.
- Der Standort ist auch wichtig. Draußen brauchst du genug Sonnenlicht, drinnen musst du mit künstlichem Licht nachhelfen.
- Wenn du Setzlinge anziehst, müssen die Wurzeln sauber sein, bevor du sie ins System gibst.
- Dann kommt die Einrichtung des Systems, was nach den Anleitungen gemacht werden sollte.
- Regelmäßige Checks des pH-Werts und der EC-Werte sind wichtig, um sicherzugehen, dass alles im grünen Bereich ist.
- Dann kommen die Setzlinge ins System, entweder tauchst du ihre Wurzeln ins Wasser oder sie werden von einer Nährstofflösung umspült.

Du musst ständig darauf achten, dass die Pflanzen genug Licht, Wärme und Belüftung bekommen. Außerdem musst du regelmäßig den pH-Wert und die EC-Werte der Nährstofflösung checken und sicherstellen, dass kein Algenwachstum oder Krankheiten im Wasser sind.

Zum Schluss kommt die Ernte. Salat wächst in hydroponischen Systemen meistens schneller als auf der Erde. Du kannst die Blätter ernten, wenn sie groß genug sind, und die Pflanzen wachsen trotzdem weiter.

Hydroponischer Salatanbau ist am Anfang eine Investition und du musst eine Menge lernen. Aber du kannst das ganze Jahr über Salat in einer kontrollierten Umgebung anbauen und höhere Erträge pro Quadratmeter erzielen. Mit etwas Geduld und Erfahrung kannst du echt gute Ergebnisse erzielen.

Platzsparende Möglichkeiten

In der Welt des Gartenbaus gibt es eine Fülle von kreativen Ideen, um Salat anzubauen, selbst wenn du über begrenzten Raum verfügst.

Vertikaler Salatanbau

Wie wäre es, die Höhe auszunutzen? Vertikale Pflanzgefäße, Gitter, Wandtaschen oder sogar selbstgebaute Strukturen bieten eine clevere Möglichkeit, Salat an Wänden oder Zäunen anzubauen. Das nicht nur den verfügbaren Raum maximiert, sondern auch in engen Bereichen Gärtnern ermöglicht.

Vertikales gärtnern mit Salat ist wie ein grüner Zaubertrick, der es dir ermöglicht, Salatpflanzen in die Höhe zu schicken, auch wenn dein Platz begrenzt ist. Ideal für Leute mit kleinen Gärten, Balkonen oder Terrassen.

- Erstens: Wähle deine Salatsorten klug. Kopfsalat, Römersalat und Spinat sind wie gemacht für das vertikale Leben.
- Als Nächstes: Such dir ein cooles vertikales Pflanzgefäß aus oder bastel dir eins. Es gibt Beutel, Gitter, Wandtaschen. Oder du lässt deiner Kreativität freien Lauf und baust was Eigenes aus Holz oder Metall.
- Sorge dafür, dass deine Salatbabys genug Sonnenlicht bekommen. Licht ist ihr Benzin! Wenn du einen schattigen Spot hast, such dir Sorten aus, die damit klarkommen.
- Nutze ein leichtes, lockeres Pflanzmedium, zum Beispiel eine Mischung aus Kokosfaser und Vermiculit. Gib den Pflanzen auch etwas Dünger, damit sie groß und stark werden.
- Pflanze deine Salatsetzlinge vorsichtig ein und gib ihnen genug Platz zum Wachsen. Wie Menschen brauchen auch Pflanzen ihren Freiraum!
- Vergiss nicht das Gießen. Halte das Medium feucht, aber nicht nass. Schau auch nach Schädlingen. Die kommen in begrenzten Räumen schneller mal vorbei. Bio-Schädlingsbekämpfungsmittel können helfen, wenn es Probleme gibt.

Da das Pflanzmedium nicht unbegrenzt Nährstoffe hat, gib deinen Pflanzen regelmäßig was zu futtern. Ein guter Flüssigdünger oder hydroponische Nährstofflösungen sind da Gold wert.

Ernte die Salatblätter, wenn sie groß genug sind, und lass die Pflanzen weitermachen. In einem vertikalen Garten sind sie wie die Streber und wachsen superschnell!

Manchmal brauchen deine Salatpflanzen ein bisschen Hilfe, um nicht umzukippen. Stütze sie mit passenden Strukturen oder binde sie vorsichtig zusammen.

Vertikales Gärtnern mit Salat ist die coole Art, Salat und auch frisches Gemüse zu ziehen, auch wenn du wenig Platz hast. Perfekt für Stadtmenschen oder Leute mit Mini-Gärten. Ran an die Pflanzen und hoch hinaus!

Balkon- oder Fensterkästen

Balkonkästen oder spezielle Fensterkästen sind perfekt, um Salat auf dem Balkon oder vor den Fenstern wachsen zu lassen. Diese kompakten Pflanzgefäße bringen den Garten buchstäblich vor Ihre Tür und sind ideal für kleine Räume.

Hängetöpfe

Warum nicht in die Höhe gehen? Hängetöpfe bieten eine großartige Möglichkeit, Salat über Ihrem Kopf anzubauen. Einfach an einem Rahmen, einer Stange oder der Decke befestigen und den vertikalen Raum optimal nutzen.

Salatturm

Ein Salatturm besteht aus gestapelten Ebenen und erlaubt den Anbau verschiedener Salatsorten in einem begrenzten Raum. Das ist nicht nur platzsparend, sondern sieht auch noch stylisch aus.

Mobile Pflanzgefäße

Mit mobilen Pflanzgefäßen oder Rollcontainern auf Rädern können Sie Ihren Salat je nach Bedarf im Sonnenlicht bewegen und den besten Standort für das Tageslicht finden.

Fensterbankgarten

Mit breiten Fensterbänken können Sie kleine Salatpflanzen in Töpfen oder Schalen platzieren, um das Sonnenlicht optimal zu nutzen und gleichzeitig Platz zu sparen.

Unterbett-Anbau

Spezielle Unterbett-Pflanzgefäße oder Rollcontainer bieten die Möglichkeit, Salatpflanzen unter Ihrem Bett anzubauen. Eine besonders nützliche Methode in Innenräumen oder kleinen Wohnungen.

Regal- oder Gestellsysteme

Regale oder Gestellsysteme ermöglichen es, mehrere Pflanzen auf vertikalen Ebenen zu platzieren. Eine effiziente Möglichkeit, den Raum in Ihrem Garten oder auf Ihrem Balkon zu nutzen.

Hydroponik in Innenräumen

Hydroponische Systeme bieten eine platzsparende Lösung, um Salat unabhängig von der Jahreszeit in Innenräumen anzubauen. Alles, was Sie brauchen, ist ein geeigneter Standort und angemessene Beleuchtung.

Hängende Pflanzgefäße

Warum nicht Pflanzen von der Decke oder über einem freien Raum aufhängen? Hängende Pflanzgefäße bringen nicht nur eine dekorative Note, sondern sparen auch Platz.

Die Wahl der Methode hängt von Ihrem verfügbaren Raum und Ihren persönlichen Vorlieben ab. Mit diesen platzsparenden Möglichkeiten können Sie Salat praktisch überall anbauen, selbst in kleinen Räumen oder auf begrenzten Flächen.

Die Wahl des richtigen Balkonkastens

Also gut, zuerst mal brauchst du einen Behälter für deine grünen Schätze. Wähle einen Balkonkasten, der groß genug ist, um deine Salatpflanzen zu beherbergen, aber nicht so groß, dass du den halben Balkon opferst. Und vergiss nicht die Löcher am Boden, damit deine Salate nicht in einer kleinen Wassersauna enden.

Auswahl geeigneter Salatsorten für den Balkonanbau
Es gibt mehr Salatsorten als Socken in einem Kleiderschrank —
okay, vielleicht nicht ganz so viele, aber du hast definitiv eine
Menge Auswahl. Wenn dein Balkon viel Sonne bekommt, sind
Römersalat oder Lollo Rosso deine Buddies. Für die schattigen
Ecken sind Feldsalat oder Spinat deine grünen Helden.

Bodenvorbereitung und -pflege im Balkonkasten
Du stehst kurz davor, deinen Balkon in einen grünen Salat-
dschungel zu verwandeln? Und ich bin hier, um dir zu helfen,
dass deine Pflanzen sich pudelwohl fühlen! Lass uns über die
Bodenvorbereitung und -pflege für Balkonkästen plaudern,
damit deine Salate so richtig durchstarten können.

Also, die Wahl der richtigen Erde ist der Schlüssel zu einem
glücklichen Salatleben. Schnapp dir eine hochwertige Blumenerde, die speziell für Balkonkästen gemacht ist. Die sollte leicht
sein, gut Wasser durchlassen und am besten schon eine ordentliche Portion Nährstoffe mitbringen. Deine Salatbabys
werden es lieben!

Wenn du deine Blumenkästen mit Erde befüllst, denk daran,
ein paar Zentimeter Platz nach oben frei zu lassen. Das verhindert, dass beim Gießen kein Wasser-Erde-Supergau passiert,
weißt du? Also, ein bisschen Luft nach oben schadet nie!

Behalte die Bodenfeuchtigkeit im Auge. Dein Boden kann
schneller austrocknen als eine Pfütze in der Wüste, besonders
wenn die Sonne knallt. Gönn deinen Salaten also regelmäßig
einen Schluck Wasser, aber übertreib es nicht, sie mögen's
zwar feucht, aber nicht triefend nass.

Und zu guter Letzt: Düngen! Deine Salate wollen nicht nur Wasser, sondern auch ein bisschen Nährstoff. Ein bisschen organischer Dünger hier, ein Spritzer Flüssigdünger da, und schon sind sie im siebten Salathimmel.

Mit dieser göttlichen Bodenvorbereitung und -pflege im Balkonkasten können deine Salatpflanzen nicht anders, als vor Freude zu hüpfen! Schnapp dir schon mal den Teller, bald gibt's frischen Salat!

Saisonverlängerung durch Gewächshäuser

Gewächshäuser sind wie die Superhelden des Gärtnerns. Sie verlängern die Saison für den Anbau von Salat und anderen Pflanzen. Und das, ohne sich um die Launen des Wetters sorgen zu müssen. Hier sind ein paar Tricks, wie du Gewächshäuser nutzen kannst, um die Salatsaison zu verlängern:

- Im Frühjahr legst du los: Starte deine Salatmission im Gewächshaus, indem du Setzlinge vorziehst. So kannst du schon im frühen Frühjahr ernten, noch bevor das Wetter draußen mitspielt.
- Gib dem Herbst eine Chance: Auch im Herbst und frühen Winter kannst du im Gewächshaus Salat ziehen und die Saison über den üblichen Erntezeitpunkt hinaus verlängern.
- Kontrolle ist alles: Mit einem Gewächshaus kannst du die Temperatur genau im Blick behalten. Heizungen oder Belüftungssysteme helfen dir dabei, die perfekte Temperatur für das Salatwachstum zu halten.

Gewächshäuser halten deine Pflanzen fern von den Extremen des Wetters wie Starkregen, Hitzewellen oder Hagel, die draußen im Garten für Chaos sorgen könnten.

Die Auswahl des richtigen Gewächshaus

Die Wahl des richtigen Gewächshaus Typs ist wie die Suche nach dem perfekten Werkzeugkasten für einen Gärtner. Es gibt viele verschiedene Optionen, und die Auswahl hängt von deinen Bedürfnissen und deinem Budget ab. Ein paar wichtige Dinge, die du berücksichtigen solltest:

- Erstens, dein Budget. Gewächshäuser gibt es in allen Preisklassen, von preisgünstigen DIY-Modellen bis hin zu maßgeschneiderten Luxusausführungen. Überlege dir, wieviel du ausgeben möchtest und was du für dein Geld bekommen kannst.
- Zweitens, die verfügbare Fläche. Hast du einen kleinen Hinterhof oder ein großes Grundstück? Die Größe deines Gewächshauses sollte zu deinem Platzangebot passen und dir genug Raum bieten, um deine Pflanzen zu kultivieren.
- Drittens, die geografische Lage. Lebst du in einer Region mit extremen Wetterbedingungen? Ein robustes Gewächshaus mit isolierten Wänden und einem stabilen Rahmen kann in kalten oder stürmischen Gegenden von Vorteil sein.

Und last but not least, deine speziellen Anforderungen. Brauchst du zum Beispiel ein Gewächshaus mit automatischer Belüftung und Bewässerungssystemen? Oder bevorzugst du vielleicht ein einfaches Modell, das du selbst anpassen kannst?

Egal für welchen Typ du dich entscheidest, das Wichtigste ist, dass dein Gewächshaus deine Pflanzen schützt und optimale Bedingungen für ihr Wachstum schafft.

Traditionelles Gewächshaus

Das traditionelle Gewächshaus ist wie der zuverlässige Klassiker unter den Gartenstrukturen. Es bietet eine solide, gut isolierte Umgebung für deine grünen Schützlinge und ist in einer Vielzahl von Größen und Stilen erhältlich. Mit einem traditionellen Gewächshaus kannst du das ganze Jahr über gärtnern, was es ideal für die Aufzucht von exotischen oder temperatursensiblen Pflanzen macht.

Allerdings gibt es ein paar Dinge zu beachten. Erstens sind traditionelle Gewächshäuser oft etwas kostspieliger in der Anschaffung als andere Optionen. Außerdem können sie eine Baugenehmigung erfordern, abhängig von den örtlichen Vorschriften und der Größe des Gewächshauses. Und natürlich solltest du bedenken, dass die Wartung und Beheizung im Winter zusätzliche Kosten verursachen können.

Trotzdem, wenn du nach einer stabilen, ganzjährig nutzbaren Lösung suchst, um deine Pflanzen zu schützen und zu pflegen, könnte ein traditionelles Gewächshaus genau das Richtige für dich sein.

Folientunnel

Folientunnel, sind wie die "Budget-Option" unter den Gewächshäusern. Sie sind sozusagen die Sparfüchse unter den Pflanzenhäusern. Sie sind kostengünstig, aber dennoch ganz schön solide, wenn es darum geht, deine grünen Schützlinge vor den Launen der Natur zu bewahren. Ihr Aufbau ist kinderleicht und flexibel. Du kannst sie hin und her schieben, wie es dir gerade passt, je nachdem, welche Pflanzen gerade nach deiner Aufmerksamkeit rufen oder welche Bedingungen sie brauchen.

Aber bevor du dich zu sehr in ihre plastikartigen Arme wirfst, gibt es ein paar Dinge zu bedenken. Ihre Isolierung ist so lala im Vergleich zu den schicken Glashäusern. Das heißt, erwarte nicht dieselbe High-Tech-Temperatur- und Feuchtigkeitskontrolle. Und sei gewarnt, sie sind auch ein bisschen empfindlicher gegenüber den Launen der Natur. Besonders an Tagen, an denen der Himmel seine ganze Sturm-Wut entlädt. Also halte Ausschau nach wilden Wetterkapriolen und pass auf deine grünen Schätze auf!

Polytunnel

Polytunnel sind sozusagen die große Schwester der Folientunnel. Aber etwas stärker, etwas widerstandsfähiger, aber immer noch eine Geldbeutel freundliche Alternative zu den klassischen Glashäusern. Sie stehen ihren kleinen Geschwistern in nichts nach, wenn es darum geht, deine Pflanzen vor den Launen der Natur zu bewahren und die Saison ein wenig zu verlängern.

Der Aufbau und das Verschieben sind hier auch ein Klacks und erfordern nicht viel mehr als ein paar Hände und etwas Enthusiasmus. Aber hey, auch hier gibt es ein paar Haken zu beachten. Die Isolierung ist zwar besser als bei den Folientunneln, aber immer noch nicht so High-Tech wie bei den Glashäusern. Und wenn der Wind mal so richtig austeilt, können sie auch ein bisschen zittern.

Aber trotz ihrer kleinen Macken sind Polytunnel eine fantastische Wahl für Gärtner, die auf ihr Budget achten wollen, aber gleichzeitig ihre grünen Babys schützen und die Erntezeit ein wenig ausdehnen möchten. Also, falls du dich fragst, ob Polytunnel deine neuen besten Freunde sein könnten – die Antwort ist definitiv: Ja!

Mini-Gewächshaus oder Hochbeet mit Abdeckung

Wenn du wenig Platz hast oder dein Geldbeutel gerade ein bisschen dünn ist, dann könnten Mini-Gewächshäuser oder Hochbeete mit Abdeckung genau das Richtige für dich sein. Die sind sozusagen die platzsparenden Helden, die deine Pflanzen vor den Kapriolen des Wetters schützen und gleichzeitig die Saison ein bisschen verlängern. Für die Salatblätter ist das super! Denk dran, dass bei diesen kleinen Teilen vielleicht nicht genug Platz für größere Pflanzen ist.

Kalte Rahmenhäuser

Und dann hätten wir noch die coolen „Kalten Rahmenhäuser". Das sind sozusagen die Budget-Krieger, die sich gegen Kälte und Wind zur Wehr setzen. Perfekt, um im Frühling und Herbst anzubauen. Aber mal ehrlich, wenn es um die Temperatur geht, haben sie ihre Grenzen. Sie sind vielleicht nicht die beste Wahl für das ganze Jahr.

Hochwertige Gewächshäuser

Wenn du so richtig die Kontrolle über Temperatur und Feuchtigkeit haben willst und das ganze Jahr über frisches Grün genießen möchtest, dann sind High-End-Gewächshäuser genau dein Ding. Die sind sozusagen die Luxus-Residenzen für deine

Pflanzen. Sie sind top isoliert, mega robust und bieten den besten VIP-Service für deine grünen Freunde.

Aber bevor du dich in diese Hightech-Oasen verliebst, sei gewarnt: Die sind nicht gerade billig und können eine ziemliche Herausforderung beim Aufbau sein.

Welches Gewächshaus du am Ende wählst, hängt ganz von dir und deinem Geldbeutel ab. Lebst du in einer Gegend, wo das Wetter gerne mal durchdreht? Dann könnte ein stabileres und besser isoliertes Modell genau das Richtige sein. Wenn Platz und Geld knapp sind, können aber auch Folientunnel oder Mini-Gewächshäuser eine Lösung sein.

Ach ja, und vergiss nicht die regelmäßige Pflege. Auch das Gewächshaus braucht ab und zu eine Streicheleinheit, damit dein Gartenprojekt auf lange Sicht erfolgreich bleibt.

Klima- und Temperaturregulierung

Die Klima- und Temperaturregulierung in einem Gewächshaus ist entscheidend, um optimale Bedingungen für das Pflanzenwachstum zu gewährleisten. Verschiedene Aspekte und Methoden können dabei unterstützen:

Eine gute Belüftung ist entscheidend, um die Temperatur im Gewächshaus zu kontrollieren. Stell dir vor, dein Gewächshaus ist wie ein riesiges Atmen: Es braucht frische Luft, um gesund zu bleiben! Lüftungsfenster oder automatisierte Belüftungssysteme sind die Superhelden, die überschüssige Wärme und Feuchtigkeit rauswerfen und frische Luft hineinbringen.

Und was ist mit der Sonne? Sie kann manchmal ein bisschen zu enthusiastisch sein, oder? Hier kommen unsere Schattierungssysteme ins Spiel. Sie sind sozusagen Sonnenschirme für deine Pflanzen! Schattierungsnetze oder spezielle Farbanstriche sind wie coole Sonnenbrillen, die das Sonnenlicht etwas entspannter machen und die Temperaturen im Gewächshaus senken.

Wenn es draußen kalt wird, brauchen deine Pflanzen etwas Warmes zum Kuscheln. Eine Heizung ist dann dein bester Freund. Elektrische Heizungen, Öfen oder Warmwasserheizungen halten dein Gewächshaus kuschelig warm, als wäre es ein gemütliches Nest für deine Pflanzen.

Apropos Wärme – eine Fußbodenheizung ist wie eine warme Decke für die Wurzeln deiner Pflanzen. Sie sorgt dafür, dass sie sich pudelwohl fühlen und schön wachsen können.

Und weißt du, was noch cool ist? Thermische Massen! Sie sind wie die Speicherchips für Wärme im Gewächshaus. Wasserbehälter oder Steinwände speichern tagsüber die Wärme und geben sie nachts wieder ab – wie ein gemütliches Lagerfeuer für deinen Salat.

Aber wir leben im 21. Jahrhundert, da können wir das alles doch ein bisschen smarter machen, oder? Automatisierte Systeme sind wie die klugen Köpfe, die Temperatur, Luftfeuchtigkeit und Belüftung im Auge behalten und alles perfekt im Griff haben.

Und wenn du denkst, das war schon alles – falsch gedacht! Mit Sensoren und Messgeräten kannst du alles bis ins kleinste Detail überwachen. Temperatur, Luftfeuchtigkeit – du hast alles im Blick und kannst sofort reagieren, wenn sich etwas ändert.

Und für den Fall, dass der Winter mal zu frostig wird: Frostschutz ist angesagt! Frostschutzdecken, Heizkabel oder Frostwächterlampen sind wie die Ritter in glänzender Rüstung, die deine Pflanzen vor dem Frost beschützen.

Das Wichtigste ist aber, dass du deine Pflanzen gut kennst und weißt, was sie brauchen. Manche mögen's heiß, andere eher kühl – du musst eben ein bisschen wie ein Pflanzen-Detektiv sein und herausfinden, was für sie am besten ist.

Und denk dran: Im Gewächshaus ist gute Luft das A und O! Luftfeuchtigkeit im Griff zu haben ist wichtig, um Krankheiten fernzuhalten. Belüftung, Luftentfeuchter oder Verdampfer sind deine Geheimwaffen gegen schlechte Luft.

Am Ende des Tages kommt es darauf an, dass du deine Klimabedingungen genau kennst und anpasst. Nur so kannst du gesunde Pflanzen großziehen und die besten Ernten einfahren. Du bist sozusagen der Kapitän auf dem Gewächshaus-Schiff – halte das Steuer fest in der Hand und deine Pflanzen werden es dir danken!

Ernte und Lagerung

Wenn du deinen Salat erntest, ist es echt wichtig, darauf zu achten, dass er auch richtig gelagert wird, damit er schön knackig und frisch bleibt. Also, erstmal ab unter die Dusche mit dem Grünzeug! Ein sanftes Waschen in kaltem Wasser ist angesagt, gefolgt von einer ordentlichen Trocknung. Du kannst ihn dann entweder in saubere Papiertücher einwickeln oder in einen luftdicht verschließbaren Behälter packen. Hauptsache, er bleibt nicht zu nass, sonst wird er schnell matschig. Also, kein Stress, aber ein bisschen Liebe und Sorgfalt machen echt den Unterschied für einen leckeren Salat aus!

Tipps für längere Haltbarkeit

Also, dein frisch geernteter Salat braucht ein gemütliches Plätzchen im Kühlschrank, und das Gemüsefach ist genau der richtige Ort dafür. Da herrscht eine gleichmäßige Temperatur, die perfekt für ihn ist – nicht zu kalt, nicht zu warm, einfach goldrichtig bei so 2 bis 4 Grad Celsius.

Ach ja, und falls du ihn nicht gleich verwendest, behalte ihn lieber fern von Äpfeln und Tomaten. Die beiden geben nämlich so einen Stoff ab namens Ethylen, und das lässt deinen Salat schneller schlapp machen. Also, besser separat lagern, damit er sich nicht vom Obst verführen lässt.

Und hey, den Salat lieber schnell verbrauchen, innerhalb von drei Tagen nach der Ernte. So bleibt der Geschmack top, und du verpasst nicht die Frische.

Ach ja, und wenn du umweltbewusst unterwegs bist, greif lieber zu wiederverwendbaren Behältern oder Tüten. So tust du nicht nur der Umwelt was Gutes, sondern reduzierst auch noch den Plastikmüll. Win-win, oder?

Samengewinnung für die nächste Saison

Das Ernten von Samen aus deinen eigenen Pflanzen ist echt spannend und belohnend. Nachdem die Pflanzen fleißig gewachsen sind und ihre Samen gebildet haben, ist es wichtig, sie sorgfältig auszuwählen und zu trocknen, um ihre Qualität zu erhalten.

Also fängst du an, indem du reife und gesunde Samenkapseln aussuchst. Nur die besten und kräftigsten Pflanzen kommen für die Samengewinnung infrage. Die spätere Qualität deiner Ernte hängt wirklich von deiner Auswahl ab, also halt dich an die Gesunden und Starken und lass die Kranken und Beschädigten lieber aus dem Rennen.

Dann kommt der coole Teil: Lass ein paar deiner Salatpflanzen einfach in die Blütephase gehen und Samen produzieren. Das ist eine echt faszinierende Erfahrung, und du kannst dabei zusehen, wie deine Pflanzen ihren natürlichen Kreislauf vollenden.

Die Blüten deiner Salatpflanzen sind übrigens nicht nur schön anzusehen, sondern auch essbar! Die verleihen deinen Salaten 'nen richtig schicken Touch und eine zusätzliche Geschmacksnote. Ein bisschen wie ein kulinarisches Kunstwerk, oder?

Wenn die Blüten dann verblüht sind, entwickeln sich Samen an den Pflanzen. Die kannst du ernten und an einem trockenen, kühlen Ort aufbewahren. Dann hast du deine eigenen Salatsamen für die nächsten Anbausaisons.

Wenn es dann so weit ist, die Samen zu ernten, warte am besten, bis die Samenkapseln richtig reif sind. Das dauert oft ein paar Wochen nach der Blüte. Sobald du die richtigen Kandidaten gefunden hast, öffnest du die Samenkapseln vorsichtig, um an die Samen zu kommen. Je nach Art und Größe der Pflanze gibt es verschiedene Möglichkeiten dafür: Du kannst sie zerdrücken, schneiden oder einfach ausklopfen. Wichtig ist nur, dass du die Samen nicht beschädigst.

Und nicht zu vergessen: Die Blüten sind auch ein Magnet für bestäubende Insekten wie Bienen, und das trägt zur Vielfalt in deinem Garten bei. So schlägst du zwei Fliegen mit einer Klappe!

Am Ende ist das Ganze nicht nur eine Möglichkeit, deinen Garten aufzumotzen und deine eigenen Samen zu haben, sondern auch ein netter Beitrag zur Umwelt. Also, warum nicht einfach mal 'nen Versuch starten und deine Pflanzen ihren natürlichen Lauf nehmen lassen?

Selektion und Trocknung der Samen

Als nächstes kommt die Trocknung der gesammelten Samenkapseln. Das ist echt entscheidend, um Schimmel und Fäulnis zu vermeiden. Die Samenkapseln breitest du dazu an einem trockenen, gut belüfteten Ort aus, damit sie überschüssige Feuchtigkeit verlieren. Das kann ein paar Tage bis Wochen dauern, je nachdem, welche Bedingungen vor Ort sind. Während des Trocknungsprozesses solltest du die Kapseln regelmäßig checken. Die müssen nämlich richtig durchtrocknen.

Und wenn sie dann trocken sind, kannst du die Samen herausholen, indem du die Kapseln vorsichtig öffnest.

Und zuletzt: Lagere deine Samen in einem coolen, dunklen Behälter, damit sie ihre Power behalten. Vergiss nicht, den Behälter zu beschriften, damit du später weißt, was drin ist!

Bevor du die Samen dann im nächsten Jahr benutzt, ist es schlau, einen kleinen Keimtest zu machen. So checkst du, ob sie noch lebensfähig sind. Einfach ein paar Samen auf feuchtes Papier legen und schauen, ob was passiert.

Und voilà, schon hast du deine eigenen Salatsamen für viele glückliche Anbausaisons. Easy, oder?

Die richtige Auswahl und Trocknung deiner selbst geernteten Samen ist echt wichtig, um in der nächsten Anbausaison starke und gesunde Pflanzen zu bekommen. Mit ein bisschen Sorgfalt und Aufmerksamkeit wird das Ganze zur nachhaltigen und tollen Erfahrung für dich als Gärtner.

Welche Werkzeuge sind am Anfang für Gartenarbeit notwendig

Beginne mit dem Starter-Set oder mit den ersten nützlichen Werkzeugen. Hier sind ein paar Werkzeuge, die dir den Einstieg in die Gartenarbeit erleichtern:

Samenmischung: Beginne mit einer Auswahl an Samen für verschiedene Salatsorten wie Kopf-, Blatt- und Römersalat. So kannst du eine bunte Vielfalt in deinem Garten genießen.

Gartenhandschuhe: Schütze deine Hände vor Schmutz, Dornen und kleinen Krabbeltieren mit einem robusten Paar Gartenhandschuhe.

Handspaten: Dieses vielseitige Werkzeug eignet sich perfekt zum Umpflanzen von kleinen Pflanzen, Graben von Löchern und Entfernen von Unkraut.

Gartenschere: Eine scharfe Gartenschere ist unverzichtbar für das Beschneiden von Pflanzen, das Entfernen von abgestorbenen Ästen und das Ernten von Früchten und Gemüse.

Gießkanne oder Wasserschlauch: Halte deine Pflanzen glücklich und gesund, indem du sie regelmäßig gießt. Eine Gießkanne oder ein Wasserschlauch erleichtert dir diese Aufgabe.

Hacke oder Unkrautstecher: Mit einer Hacke oder einem Unkrautstecher kannst du lästiges Unkraut aus deinem Garten entfernen und den Boden lockern.

Gartenrechen: Verwende einen Gartenrechen, um den Boden zu egalisieren, Mulch zu verteilen und Unkraut zu entfernen.

Pflanzkelle: Diese kleine Schaufel ist ideal zum Einpflanzen von Setzlingen, Samen und kleinen Pflanzen.

Bodentester: Mit einem Bodentester kannst du den pH-Wert und die Feuchtigkeit des Bodens messen, damit deine Pflanzen die bestmöglichen Bedingungen haben.

Das sind nur einige grundlegende Werkzeuge, die dir den Einstieg in die Gartenarbeit erleichtern. Mit diesen Werkzeugen bist du bestens gerüstet, um deinen Garten zum Blühen zu bringen!

Weitere Gartengeräte die deine Arbeit erleichtern

Sobald du dich ein bisschen mehr in die Gartenarbeit reingefuchst hast und schon ein paar Tricks auf Lager hast, wird es Zeit für ein paar neue Spielzeuge. Hier sind ein paar Empfehlungen für nützliches Zubehör, das deine grüne Welt auf das nächste Level hebt:

Gartenkarre oder Schubkarre: Eine Karre erleichtert den Transport von Erde, Mulch, Pflanzen und anderen Gartenmaterialien im Garten. Besonders praktisch, wenn du größere Flächen bearbeitest oder schwere Lasten transportieren musst.

Erweiterte Gartenschere: Neben einer Basis Gartenschere kannst du eine erweiterte Version wie eine Astschere oder eine Heckenschere für größere Schnittarbeiten in Betracht ziehen.

Kompostbehälter: Wenn du mehr Wert auf Nachhaltigkeit legst und deine Gartenabfälle recyceln möchtest, ist ein Kompostbehälter eine gute Investition. Er ermöglicht es dir, Kompost aus organischen Materialien herzustellen, den du dann wieder als natürlichen Dünger verwenden kannst.

Bewässerungssystem: Ein automatisches Bewässerungssystem spart Zeit und Mühe, indem es deine Pflanzen regelmäßig und effizient bewässert. Es gibt verschiedene Arten von Bewässerungssystemen, von Tropfbewässerung bis hin zu automatischen Sprinklern, je nach den Bedürfnissen deines Gartens.

Gartengeräte-Aufbewahrungssystem: Um deine Werkzeuge organisiert und leicht zugänglich zu halten, kannst du in ein Gartengeräte-Aufbewahrungssystem investieren. Das kann ein Wandregal, ein Werkzeugwagen oder eine Gartenwerkzeugtasche sein.

Bodenvorbereitung Werkzeuge: Für größere Gartenprojekte können Werkzeuge wie ein Bodenhacke, ein Kultivator oder ein Pflug nützlich sein, um den Boden vorzubereiten und zu bearbeiten.

Pflanzenstützen und Rankhilfen: Wenn du zusätzlich Gemüse, Blumen oder Kletterpflanzen anbaust, können Pflanzenstützen und Rankhilfen helfen. Sie unterstützen und stützen deine Pflanzen, damit sie besser wachsen und gedeihen können.

Mit diesem fortgeschrittenen Zubehör kannst du deine Gartenarbeit auf die nächste Stufe heben und noch effektiver werden.

Starte in kleinen Schritten

Der Schlüssel für Anfänger ist, mit kleinen Schritten zu starten. Beginne mit einem kleinen Gartenbereich oder einer überschaubaren Auswahl an Pflanzen. Das gibt dir die Möglichkeit, deine Fähigkeiten und dein Verständnis zu entwickeln, ohne dich zu überfordern.

- Wähle Pflanzen, die in deiner Region gut gedeihen und pflegeleicht sind, und einheimische Arten sind oft die beste Wahl, da sie an die örtlichen Bedingungen angepasst sind und weniger Aufwand erfordern.
- Bodenpflege ist mega wichtig! Nur mit einem gesunden und fruchtbaren Boden können deine Pflanzen richtig durchstarten. Also: Boden lockern, Unkraut raus und 'nen guten Schuss organischen Kompost rein für die Extra-Portion Nährstoffe!
- Beim Gießen gilt: Immer schön auf die Bedürfnisse deiner Pflanzen achten. Zu viel Wasser kann Wurzelfäule verursachen. Also lieber regelmäßig und gleichmäßig gießen, damit der Boden schön feucht bleibt.

- Check deine Pflanzen regelmäßig auf Schädlinge und Krankheiten. Frühzeitiges Handeln minimiert Probleme. Und wenn's um die Bekämpfung geht, setz ruhig auf natürliche Methoden – besser für die Umwelt!
- Sonnenlicht ist der Schlüssel zum Glück deiner Pflanzen! Stell sicher, dass sie genug Licht bekommen – idealerweise mindestens 6 Stunden pro Tag.
- Ein guter Gartenplan ist Gold wert! Überleg dir genau, wo jede Pflanze hin soll, damit sie genug Platz zum Wachsen hat und dein Garten optimal genutzt wird.
- Und vergiss nicht: Gartenarbeit heißt regelmäßige Pflege! Unkraut jäten, Pflanzen ausdünnen und beschädigte Teile entfernen – das hält deine Grünlinge gesund und happy!
- Geduld. Pflanzen brauchen Zeit, um groß und stark zu werden. Also gönn ihnen die Ruhe und Aufmerksamkeit, die sie brauchen.

Fehler sind menschlich, auch im Garten! Mach dir keinen Kopf, wenn mal was schiefgeht. Sei offen fürs Lernen aus Fehlern und nutz sie als Chance, es beim nächsten Mal besser zu machen!

Nachhaltigkeit und ökologischer Salatanbau

Klar, lass uns über den ökologischen Salatanbau quatschen! Das ist echt 'ne coole Sache und total zukunftsweisend.

Hier geht's um umweltfreundliche Praktiken, wie natürliche Düngemittel und ökologische Schädlingsbekämpfung. Das ist super wichtig, denn so minimieren wir den ökologischen Fußabdruck und erhalten die Biodiversität.

Und check das: Landwirte und Gärtner lernen hier, wie sie smart mit Ressourcen umgehen und Abfall minimieren können. Das ist nicht nur gut für die Umwelt, sondern auch für den Geldbeutel!

Wenn wir dann noch ökologischen Salatanbau mit lokalen Märkten und gemeinschaftlicher Landwirtschaft verknüpfen, ist das echt der Hit! Direkt vom Bauernhof auf den Teller – das spart nicht nur CO2, sondern stärkt auch noch unsere lokalen Gemeinschaften.

Und was die Zukunft angeht? Die sieht echt vielversprechend aus! Ökologischer Salatanbau ist nicht nur gut für uns, sondern auch für die Umwelt. Also, lasst uns gemeinsam für 'ne nachhaltige Zukunft ackern!

Biologischer Anbau

Lassen wir die grünen Daumen sprechen! Biologischer Salatanbau ist der Hit – nicht nur für uns, sondern auch für Mama Erde!

Wir reden hier von sauberen, giftstofffreien Produkten, die richtig gesund sind. Keine synthetischen Pestizide oder Chemikalien – nur Natur pur! Und das schmeckt dir auch. Biologischer Salat hat einfach einen intensiveren Geschmack und ist vollgepackt mit Nährstoffen. Aber nicht nur das! Biologischer Anbau hält auch unsere Böden gesund und fördert die Artenvielfalt. Das ist nicht nur gut für uns, sondern auch für die kleinen Krabbeltiere, die unseren Garten bevölkern. Und check das: Wenn wir auf chemische Düngemittel und Pestizide verzichten, schonen wir nicht nur die Umwelt, sondern auch unsere eigene Gesundheit. Win-win, oder?

Okay, okay, ich weiß schon, dass das Ganze etwas mehr Arbeit bedeutet und dass wir ein paar neue Tricks lernen müssen. Aber hey, das ist doch 'ne Investition in eine nachhaltigere Zukunft!

Prinzipien der Permakultur

Lass uns über Permakultur quatschen! Das ist so 'ne richtig coole Sache, bei der wir von Mama Natur lernen und sie nachahmen.

Alles beginnt mit dem genaueren Hinsehen. Bevor wir wild drauflos designen, nehmen wir uns Zeit, unsere Umgebung zu checken. Dann geht's ans Sammeln und Speichern von natürlicher Energie – Sonne, Wind, du weißt schon, die guten Sachen!

Wir wollen ja produktiv sein, aber auch nicht die Natur aus dem Gleichgewicht bringen, oder? Also nutzen wir erneuerbare Ressourcen wie Sonnenenergie und Regenwasser, und recyceln, was das Zeug hält. Weniger Müll, mehr Grün!

Das Ganze basiert auf dem Erkennen von Mustern in der Natur und dem Übertragen dieser auf unsere Gärten. Wir mixen verschiedene Elemente zusammen, um diese coolen Synergien zu schaffen, und gehen lieber kleine Schritte, statt gleich alles auf einmal zu ändern. Denn Vielfalt ist King – in Pflanzen, Tieren und Ökosystemen!

Diese Prinzipien sind das Grundgerüst der Permakultur und helfen uns dabei, nachhaltig zu denken und echt coole, widerstandsfähige Systeme zu bauen. Lasst uns gemeinsam Mama Natur ein bisschen danken, indem wir von ihr lernen und uns an sie anpassen!

Integration von Salat in permakulturelle Systeme

Also, Salat ist so 'ne schnelle Nummer im Garten. Er wächst fix und passt super in permakulturelle Systeme. Du kannst ihn echt überall platzieren – in Hochbeeten, Kräuterspiralen, einfach überall! Das Coole ist, dass Salat auch gerne in Gesellschaft wächst. Man kann ihn mit anderen Pflanzen wie Tomaten oder Radieschen zusammensetzen. Das hält den Boden gesund und die Schädlinge auf Abstand. Und hey, das Ganze bringt 'ne mega Vielfalt in den Garten!

Und mal ganz ehrlich, die Auswahl an Salatsorten ist ja der Wahnsinn! Kopfsalat, Rucola, Feldsalat – die Liste geht weiter und weiter. Das bedeutet, du kannst das ganze Jahr über frischen Salat ernten. Da kommt nie Langeweile auf.

Und das Beste? Salatpflege ist easy. Einfach ein bisschen Mulch drauf, organische Sachen rein – und fertig ist die Laube. Du kannst sogar Samen sammeln und die besten Pflanzen weiterverwenden. Das hält deine Salatbande gesund und glücklich!

Und wenn's ums Ernten geht, kannst du echt chillen. Einfach ein paar Blätter abzupfen, und die Pflanzen machen weiter ihr Ding. Nachhaltigkeit pur, meine lieben Gartenfreunde!

Insgesamt ist Salat ein echter Game Changer in der Permakultur. Er bringt mehr Ertrag, hält den Boden fit und macht deinen Garten so richtig lebendig. Also los, lass uns die Welt ein bisschen grüner machen – mit Salat und Permakultur!

Willkommen in der wunderbaren Welt der Garten-Communities!

Hier dreht sich alles um das Grünzeug, das Gedeihen und die gemeinsame Leidenschaft für Gartenarbeit. Es ist wie eine große Familie, die zusammenkommt, um auf öffentlichen oder privaten Fleckchen Land Gemüse, Obst und Kräuter zu züchten. Doch das ist längst nicht alles – diese Gärten sind wahre Oasen der Kreativität und des sozialen Miteinanders!

Das Besondere an diesen Gemeinschaften ist der unglaubliche Austausch von Wissen und Erfahrungen. Die alten Hasen unter den Gärtnern geben großzügig ihre Geheimnisse preis und helfen den Neulingen, ihre grünen Daumen zu entwickeln. So entsteht eine wahre Schatzkiste an Know-how, die die ganze Gemeinschaft bereichert.

Und wie heißt es so schön: Geteiltes Leid ist halbes Leid – und geteilte Freude ist doppelte Freude! Die Mitglieder teilen nicht nur ihr Wissen, sondern auch Werkzeuge, Samen und Setzlinge. Das spart nicht nur Geld, sondern schweißt die Truppe auch noch enger zusammen.

Wenn die Erntezeit kommt, wird geteilt, was das Zeug hält! Jeder bekommt seinen gerechten Anteil an frischen Köstlichkeiten, und das fördert nicht nur die Selbstversorgung, sondern auch das Gefühl von Großzügigkeit und Solidarität.

Und das Beste: In diesen Gemeinschaften ist immer etwas los! Es gibt Erntefeste, Workshops und gemütliche Treffen, bei denen gelacht, gelernt und gefeiert wird. Denn am Ende des Tages geht es nicht nur um die Ernte, sondern vor allem um die Menschen und die wunderbare Gemeinschaft, die durch die Liebe zum Garten entsteht.

Nachhaltige Lebensweise

Hey, in diesen Gemeinschaften geht es richtig persönlich zu! Wir alle setzen uns gemeinsam für nachhaltige Lebensweisen ein, um unsere Umwelt zu schonen und unsere Gesundheit zu fördern. Dabei sagen wir Pestiziden und Chemikalien gerne Adieu und setzen lieber auf regionale Lebensmittel. Gemeinsam stehen wir für Bildung und Aufklärung, damit wir nicht nur in der Gemeinschaft, sondern auch die breitere Öffentlichkeit die Vorteile von Selbstversorgung und nachhaltiger Landwirtschaft kennenlernen.

Unsere Gemeinschaften sind fest in die lokale Umgebung eingebunden und tragen zur sozialen Entwicklung und Stärkung der Nachbarschaft bei. Hier knüpfen wir wertvolle Verbindungen zu Menschen, die ähnliche Ziele verfolgen wie wir.

Letztendlich helfen uns Garten- und Selbstversorger Gemeinschaften, unsere Selbstversorgung Fähigkeiten zu stärken und widerstandsfähiger gegen wirtschaftliche und ökologische Herausforderungen zu werden. Sie lehren uns, unabhängiger zu sein und unsere eigene Nahrung anzubauen. Und das Beste? Du findest sie überall – in der Stadt, auf dem Land und in den Vororten – und sie fördern die Verbindung zwischen Mensch und Natur.

Online-Foren und Plattformen

Online-Foren und Plattformen sind echt Gold wert für unsere Garten- und Selbstversorger Gemeinschaften, weißt du? Hier können wir Infos austauschen, Fragen stellen, Ressourcen teilen und uns mit Gleichgesinnten vernetzen. Es ist wirklich cool, wie wir uns online treffen können, um unsere Leidenschaft für nachhaltige Lebensweisen zu teilen und uns gegenseitig zu unterstützen.

Reddit – Austausch von Erfahrungen

Reddit ist echt der Hammer, wenn es um Gartenarbeit, Selbstversorgung und nachhaltige Landwirtschaft geht! Das ist mega beliebt für Diskussionen und den Austausch von Erfahrungen. Da gibt's echt jede Menge Tipps und Tricks von Gleichgesinnten, die einem echt weiterhelfen können.

Facebook-Gruppen

Facebook ist echt super, wenn es um Gartenarbeit, Selbstversorgung und nachhaltige Lebensweisen geht! Kennst du schon die vielen Gruppen und Seiten, die sich darauf konzentrieren? Da kannst du richtig coole Tipps austauschen, Fotos teilen und von den Erfahrungen anderer profitieren. Es ist echt toll, wie viel man dort lernen und entdecken kann!

Online-Foren

Es gibt jede Menge unabhängige Online-Foren, die sich voll und ganz auf Gartenarbeit und Selbstversorgung konzentrieren. Schau mal bei verschiedene Foren vorbei. Dort findest du eine wahre Schatzkiste an Informationen und kannst dich richtig gut mit anderen austauschen. Es ist echt erstaunlich, wie viel Wissen und Tipps dort zusammenkommen!

Lokale Community-Plattformen

Lokale Community-Plattformen sind großartige Ressourcen, um sich mit Menschen in deiner unmittelbaren Umgebung zu vernetzen. Sie bieten Möglichkeiten zum Austausch von Informationen, Veranstaltungshinweisen und gegenseitiger Unterstützung. Durch diese Plattformen können lokale Gemeinschaften enger zusammenwachsen und sich gegenseitig stärken. Nicht nur fürs Gärtnern.

Pinterest und Instagram

Auf Pinterest und Instagram findest du jede Menge kreativer Ideen und visuelle Inspirationen für deine Gartenprojekte und Selbstversorgung. Egal, ob du nach Tipps zur Gartengestaltung, DIY-Ideen oder nachhaltigen Rezepten suchst, hier wirst du fündig. Lass dich von den vielfältigen Beiträgen inspirieren!

Online-Kurse und Webinare

Online-Kurse und Webinare sind großartige Möglichkeiten, um deine Fähigkeiten in Gartenarbeit und Selbstversorgung zu verbessern. Du kannst neue Techniken lernen, Tipps von Experten erhalten und dich mit Gleichgesinnten austauschen, alles bequem von zu Hause aus. Egal, ob du Anfänger bist oder schon Erfahrung hast, es gibt immer etwas Neues zu entdecken und zu lernen!

YouTube-Kanäle

Auf YouTube findest du eine Fülle von Kanälen, die sich auf Gartenarbeit und Selbstversorgung spezialisiert haben. Von Anleitungen zum Anbau deiner eigenen Nahrung bis hin zu Tipps für die Pflege deiner Pflanzen – es gibt für jeden etwas dabei. Du kannst in diesen Videos nicht nur lernen, sondern auch die Leidenschaft und Begeisterung der Content-Ersteller für ihr Handwerk spüren.

Lokale Gruppen und Gärtnertreffen

Lokale Gruppen und Gärtnertreffen sind echt genial, um sich mit anderen Gartenliebhabern aus deiner Gegend zu vernetzen. Ihr könnt euch treffen, Erfahrungen austauschen und vielleicht sogar Pflanzen oder Samen teilen. Und hey, wenn es um die Planung und Organisation deines Gartens geht, sind diese Gartenplanungs-Apps und -Software echt praktisch. Mit Tools wie Garten Planer wird Gärtnern noch einfacher und effizienter!

Workshops und Schulungen

Workshops und Schulungen sind total klasse, um sich in Sachen Gartenarbeit und Selbstversorgung weiterzubilden. Man kann dabei richtig coole Experten einladen, die wertvolle Einblicke bieten, oder einfach das geballte Wissen und die Erfahrung der Community nutzen, um voneinander zu lernen. So wird das Gärtnern noch spannender und erfolgreicher!

Pflanzentauschbörsen

Pflanzentauschbörsen sind echt cool! Da tauschen wir untereinander Setzlinge, Samen oder Pflanzen, die wir übrig haben. Das bringt richtig Schwung in die Vielfalt unseres Gartens, und das Beste ist, dass wir das ganz ohne viel Geld machen können. Einfach genial, oder?

Erntefeste

Klar, das klingt nach einer tollen Sache! Bei Erntefesten kannst du richtig feiern und die Ergebnisse deiner Arbeit genießen. Gemeinsam Essen mit Zutaten aus deinem eigenen Garten schweißt die Gemeinschaft zusammen und zeigt, was du alles geschafft hast. Einfach eine tolle Möglichkeit, die Vielfalt deiner Gartenarbeit zu zelebrieren!

Gartenrundgänge

Gartenrundgänge sind echt cool! Du kannst die Gärten anderer Leute besuchen und jede Menge Inspiration und Ideen sammeln. Dabei kannst du dich mit anderen austauschen, Tipps geben und einfach eine gute Zeit haben. So lernt man richtig viel voneinander und kann sich gegenseitig unterstützen.

Gemeinsame Projekte

Gemeinsame Projekte sind einfach klasse! Zusammen könnt ihr zum Beispiel Hochbeete bauen, Komposthaufen anlegen oder Regenwasser sammeln. Das stärkt nicht nur den Teamgeist, sondern bietet auch eine super Gelegenheit, praktische Fähigkeiten zu lernen und die Bindung untereinander zu vertiefen.

Und was ist mit Bildungseinrichtungen und Schulen? Da könnt ihr richtig was bewegen! Wenn ihr mit Schulen kooperiert, könnt ihr coole Gartenprojekte für Kinder und Jugendliche starten. Das ist nicht nur mega spannend, sondern bringt auch die nächste Generation auf den Geschmack für Gartenarbeit und Selbstversorgung.

Soziale Medien und Plattformen

Soziale Medien und Online-Plattformen sind total praktisch, um eure Gruppe zu organisieren! Über eine Facebook-Gruppe oder ein Online-Forum könnt ihr easy in Verbindung bleiben, Termine abstimmen und Ressourcen teilen. Das macht die Zusammenarbeit richtig und effizient.

Unterstützung durch die Gemeinde

Hey du! Hast du schon mal darüber nachgedacht, wie deine örtliche Regierung oder Gemeindeorganisationen dich unterstützen könnten? Es könnte den Zugang zu öffentlichen Flächen erleichtern oder sogar finanzielle Unterstützung bieten, um eure Gemeinschaftsprojekte zu stärken.

Und weißt du, diese lokalen Gruppen und Gärtnertreffen sind nicht nur eine Gelegenheit, deine eigenen Fähigkeiten auszubauen. Sie helfen auch dabei, eine echt starke und unterstützende Community von Garten- und Selbstversorgungsbegeisterten aufzubauen. Es ist einfach super, sich mit Gleichgesinnten auszutauschen und voneinander zu lernen, oder?

Teilen deine Erfahrungen

Es ist echt klasse, sich einer Garten- oder Selbstversorgergemeinschaft anzuschließen. Dort kannst du nicht nur deine eigenen Erfahrungen teilen, sondern auch jede Menge Tipps und Ratschläge von anderen bekommen. Gemeinsam können wir so viel voneinander lernen und uns gegenseitig unterstützen.

Ressourcen nutzen

Klar, das ist eine super Idee! Du kannst so viele verschiedene Ressourcen nutzen, um dein Wissen über Gartenarbeit und Selbstversorgung zu erweitern. Von Büchern über Online-Ressourcen bis hin zu Videos und lokalen Experten – da gibt es wirklich eine Menge Möglichkeiten, um jede Menge dazu zu lernen.

Nachhaltigkeit beachten

Ja, das ist total wichtig! Wenn du nachhaltige Praktiken in deinem Garten anwendest, trägst du dazu bei, die Umwelt zu schützen. Das bedeutet, dass du Kompost verwendest, Regenwasser sammelst und auf den Einsatz von Chemikalien verzichtest. So kannst du wirklich einen positiven Beitrag leisten!

Fazit

Also, wenn es um die Integration von Salat in permakulturelle Systeme geht, gibt es echt so viele coole Prinzipien, die man anwenden kann. Zum Beispiel Polyculturen und Mischkulturen – da kannst du Salat mit anderen Pflanzen zusammen pflanzen und so 'ne Art natürlichen Bodyguard für deine Beete haben. Und hast du schon mal an vertikales Gärtnern gedacht? Das ist so 'ne smarte Möglichkeit, Platz zu sparen und trotzdem 'ne fette Ernte einzufahren. Rankgitter sind da echt 'ne Wucht! Aber hey, vergiss nicht den Boden! Mit Kompost und Mulch kannst du den Boden um deine Salatpflanzen richtig verwöhnen. Das macht die Erde mega fruchtbar und deine Salate werden es dir danken.

Und weißt du was? Blumen und Kräuter sind nicht nur hübsch anzusehen, sondern auch echte Helferlein im Garten. Die locken Nützlinge an, unterstützen die Bestäubung und halten Schädlinge fern. Win-win, oder?

Und wenn's um die Bewässerung geht, warum nicht Regenwasser nutzen? Das ist nicht nur umweltfreundlich, sondern auch noch total praktisch. Schließlich wollen deine Salate auch mal 'nen Schluck Wasser, oder? Aber halt, nicht vergessen: Schutz ist wichtig! Vor allem bei verrücktem Wetter. Also sei immer auf der Hut und sorg dafür, dass deine Salate sich wohl fühlen. Und zu guter Letzt: Die Erntezeit ist alles! Wann du deine Salate erntest, macht echt 'nen Unterschied. Also sei smart dabei und hol das Beste aus deinen Pflanzen raus.

Mit all diesen Tipps kannst du richtig durchstarten und deinen Salat perfekt in deine permakulturelle Welt integrieren. Auf 'ne nachhaltige und mega produktive Zukunft – Prost, Salat!

Zusammenfassung der wichtigsten Punkte

Also, wenn wir mal einen Blick in die Zukunft des Salatanbaus werfen, dann sieht das echt spannend aus! Mit steigenden Bevölkerungszahlen und Umweltauswirkungen müssen wir echt smart sein und nachhaltige Lösungen finden.

Eine echt vielversprechende Sache ist der vertikale Anbau von Salat. Da werden die Pflanzen in Stapeln oder Türmen angebaut, was mega Platz spart und die Ernte richtig boostet. Besonders in Städten ist das 'ne coole Sache.

Und Gewächshäuser und Indoor-Farming sind auch am Start! Damit können wir Salat das ganze Jahr über und unter kontrollierten Bedingungen anbauen. Das bedeutet bessere Erträge und 'ne Top-Qualität bei der Ernte. Und das Beste? Diese Technologien können echt helfen, sich an veränderte Umweltbedingungen anzupassen und Krankheiten fernzuhalten.

Und mal ehrlich, Roboter und künstliche Intelligenz im Garten? Das klingt doch mega cool! Damit können wir den Anbau von Salat richtig optimieren und unseren Arbeitsaufwand reduzieren.

Außerdem wird der lokale Anbau von Salat immer wichtiger. Das fördert die Nachhaltigkeit und spart 'nen Haufen Transportaufwand. Und du kennst doch bestimmt auch schon diesen Trend, dass immer mehr Leute auf regionale Produkte achten.

Insgesamt wird die Zukunft des Salatanbaus 'ne echte Mischung aus ökologischer Verantwortung und technologischer Innovation sein. Wir müssen uns an veränderte Umweltbedingungen anpassen und dabei echt effizient mit unseren Ressourcen umgehen. Aber ich bin zuversichtlich, dass wir das schaffen und auch in Zukunft frischen und gesunden Salat auf unseren Tellern haben werden!

Anhang

Glossar Erklärung wichtiger Begriffe

Biomasse:
Die Gesamtheit der organischen Materialien in einem Ökosystem oder in Pflanzen.

Düngemittel:
Substanzen, die dem Boden zugesetzt werden, um die Nährstoffversorgung für Pflanzen zu erhöhen.

Hydroponik:
Anbaumethode, bei der Pflanzen in einem wasserbasierten Nährstoffmedium ohne Erde angebaut werden.

Kompost:
Zersetzte organische Materialien zur Bodenverbesserung.

Mulch:
Schicht aus organischen oder anorganischen Materialien, die auf die Bodenoberfläche gelegt wird.

Nützlinge:
Insekten, Vögel oder andere Organismen, die bei der Schädlingsbekämpfung helfen.

Permakultur:
Nachhaltiger Ansatz für Landwirtschaft und Gartenarbeit, basierend auf natürlichen Prinzipien.

pH-Wert:
Maß für die saure oder alkalische Natur des Bodens.

Polyculture:
Anbau mehrerer Pflanzenarten gleichzeitig in einem Bereich.

Vertikaler Anbau:
Anbaumethode, bei der Pflanzen in vertikalen Strukturen angebaut werden.

Wurzelausscheidungen:
Substanzen, die von Pflanzenwurzeln abgegeben werden und das Wachstum anderer Pflanzen beeinflussen können.

Xerophyten:
Pflanzen, die an trockene Bedingungen angepasst sind und wenig Wasser benötigen.

Küchenkräuter

Kreatives Würzen mit vielen Rezepten

www.bestoffverlag.de

ISBN 978-3-96133-037-9

Entdecke die Magie des Kochens und Gärtnerns mit TraditionArt-Leben.de

Liebe Foodies und Gartenfreunde,

Habt ihr Lust auf kulinarische Inspiration und die Freuden des Gartens? Dann seid ihr bei https://TraditionArt-Leben.de genau richtig! Euer Appetit nach neuen Geschmackswelten und euer Daumen nach mehr Grün werden bei uns großgeschrieben.

Besucht unsere Internetseite TraditionArt-Leben.de und taucht ein in ein Universum voller köstlicher Rezepte, praktischer Kochtipps und cleverer Gartenratgeber. Von herzhaften Hauptgerichten über süße Verführungen bis hin zu biodynamischem Gartenbau – wir haben für jeden Geschmack und jede Saison das perfekte Rezept bereit.

Begleitet uns auch auf unserem YouTube-Kanal. Dort erwecken wir gemeinsam mit euch unsere Kreationen zum Leben! Schaut hinter die Kulissen, lernt unsere Geheimnisse für den besten Geschmack kennen, und werdet Zeuge, wie aus einer simplen Zutat ein Kunstwerk entsteht.

Verpasst nie wieder: Live-Kochsessions Garten-Tutorials Ernte- und Verarbeitungstipps Dessert-Design-Workshops ... und vieles mehr!

Wir bieten euch nicht nur Rezepte, sondern eine Lebensphilosophie. Auf TraditionArt-Leben.de und unserem YouTube-Kanal werdet ihr Teil einer Gemeinschaft, die Werte wie Nachhaltigkeit, Selbstversorgung und die pure Freude am Essen teilt.

Wartet nicht länger und startet eure kulinarisch-grüne Reise heute! Besucht TraditionArt-Leben.de und abonniert unseren

YouTube-Kanal

https://www.youtube.com/@KochenRezepteGarten

um kein Abenteuer zu verpassen.

Freut euch auf exklusive Inhalte, die euren Alltag bereichern und euren Tisch zum Strahlen bringen. Kochen, backen, pflanzen, ernten – bei TraditionArt.de findet ihr Inspiration und Anleitung!

Mit Geschmack und Liebe zum Detail – Ihre Sabrina Bock und Ingo Noack

Magazin:

https://TraditionArt-Leben.de

YouTube Kanal:

https://www.youtube.com/@KochenRezepteGarten

TikTok

https://www.tiktok.com/@traditionartleben

Pinterest

https://www.pinterest.de/TraditionArt_Leben/

Instagram

https://www.instagram.com/traditionartleben/

Twitter / X

https://twitter.com/traditionartliv